Johannes Barchudarian

Inwiefern ist Leibniz in der Psychologie ein Vorgänger Herbarts

Ein Beitrag zur Geschichte der Psychologie

Johannes Barchudarian

Inwiefern ist Leibniz in der Psychologie ein Vorgänger Herbarts
Ein Beitrag zur Geschichte der Psychologie

ISBN/EAN: 9783743644632

Hergestellt in Europa, USA, Kanada, Australien, Japan

Cover: Foto ©berggeist007 / pixelio.de

Weitere Bücher finden Sie auf **www.hansebooks.com**

Inwiefern ist Leibniz in der Psychologie ein Vorgänger Herbarts.

Ein Beitrag zur Geschichte der Psychologie.

Von

Dr. Johannes Barchudarian.

Jena,
Frommannsche Buchdruckerei
(Hermann Pohle)
1889.

Die vorliegende Arbeit ist der Großherzoglich und Herzoglich S. Gesamt-Universität Jena als Inaugural-Dissertation eingereicht worden.
                              Der Verfasser.

Meinem hochverehrten Lehrer

Herrn Hofrat Prof. Dr. Eucken

in aufrichtiger Dankbarkeit

gewidmet.

Ainsi il est bon de faire distinction, entre la Perception qu'est l'état intérieur de la Monade représentant les choses externes, et l'Apperception qui est la Conscience, ou la connoissance réflexive de cet état intérieur.

 Leibniz, Princ. de la nat. et de la grace.

Leibnitz's richtigen Gedanken hoffe ich am gehörigen Orte bestätigen und ausführen zu können; obgleich die dahin gehörigen Überzeugungen viel früher, bevor ich die Werke jenes Philosophen studirte, bei mir fest standen.

 Herbart, Psychologie als Wissenschaft . . . . I. T. p. 242.

> Es ist mit der Gedankenfabrik
> Wie mit einem Weber-Meisterstück.
> Wo ein Tritt tausend Fäden regt,
> Die Schifflein herüber hinüber schießen,
> Die Fäden ungesehen fließen,
> Ein Schlag tausend Verbindungen schlägt.
> Göthe im Faust.

Die Verwandtschaft von Leibniz und Herbart ist im allgemeinen bekannt, aber für das besondere Problem der Psychologie unseres Wissens nach nicht als selbständiger Gegenstand behandelt. So ergreifen wir dieses Thema und hoffen Gelegenheit zu fruchtbaren Erörterungen zu finden.

Unsere Aufgabe besteht nun darin, zu zeigen, inwiefern Leibnizens Psychologie auf die Herbarts eingewirkt hat. Freilich hat Leibniz uns nicht ein fertig ausgeführtes System, ein vollständig durchgearbeitetes Ganze der Psychologie hinterlassen. Dieselbe ist vielmehr mit Metaphysik und anderen philosophischen Disciplinen verbunden: wo von metaphysischen Problemen gehandelt wird, da mischen sich stets psychologische, und wo psychologische Fragen gelöst werden, stets metaphysische Untersuchungen ein.

Aber wenn trotzdem Leibniz kein vollständiges und logisch gegliedertes psychologisches System geschrieben hat, so hat sein großer tiefdringender Geist neue Bahnen und Methoden eröffnet, jedoch „überlies er es anderen, die kühnen Gedanken, die ihm bei der Lektüre zuströmten, zum System auszuarbeiten." „Wenn die Könige bau'n, haben die Kärrner zu thun"[1]). Er war der erste, der, die Theorie des Seelenvermögens beiseite lassend, die Vorstellung als Grundkraft des Seelenlebens bezeichnete und daraus die Elemente des geistigen Lebens ableitete.

---

1) S. Leibniz's Psychologie, Kirchner Fr. S. 2.

Man wird ja leicht erkennen, daß LEIBNIZENS Einfluß sich hier noch über KANT auf FICHTE hinaus erstreckt: „denn dessen Lehre ist in der That ihrem Wesen nach nichts anderes, als der Versuch, die Gesetze der immanenten Thätigkeit der Seelenmonade zu ergründen und aufzudecken — Gesetze von denen LEIBNIZ wohl viel gesprochen, aber nichts Gründliches vollbracht hatte. Zuletzt aber, wenn man darauf achtet, daß LEIBNIZ als das Wesen der Substanz die Kraft, die Thätigkeit gesetzt hat, so kann man ihn als Vater desjenigen Zweiges der nachkantischen Philosophie betrachten, welcher das, was ist, unmittelbar als ein Geschehen oder Thun auffaßte, ohne demselben ein Reales zu grunde zu legen, das an sich selbst nicht ein Thätiges ist; obwohl es zu bezweifeln ist, daß sich LEIBNIZ selbst mit einer solchen Ansicht, wenn er sich derselben und ihrer Konsequenzen klar bewußt gewesen wäre, zufrieden erklärt haben würde, da er wenigstens an einer Stelle von einer „dauernden absoluten Kreatur" spricht, welche weder Thätigkeit noch Relation ist"[1]).

Hiermit ist die Bedeutung LEIBNIZENS bezeichnet. Es ist nach Vorstehendem einleuchtend, welche Schwierigkeiten wir in unserer Arbeit zu überwinden haben. Wir sind genötigt, die Prinzipien und Definitionen der geistigen Phänomene aus einer Menge kleiner flüchtiger Aufsätze und Briefe kennen zu lernen [2]).

Eine weitere Schwierigkeit besteht darin, wie HARTENSTEIN mit Recht hervorhebt [3]), daß man in der Philosophie von LEIBNIZ verschiedene Perioden unterscheiden muss, in denen seine Begriffe, sogar die von der Monade und Materie häufiger Umänderung und Wechsel unterworfen sind, sehen wir ja, daß die Monade bald eine wahre substantielle Einheit ist und zugleich Einfachheit, bald jede Einheit überhaupt u. s. w.

Wir werden unsere Untersuchungen immer an seine letzten Schriften anzuschließen und diese zur Geltung zu bringen suchen.

---

1) ALLIHN, Geschichte der neueren Phil. s. LEIBNIZ, S. 152.
2) Sogar seine größten philosophischen Werke, „Nouveaux essais sur l'entendement humain" und „Essais de Théodicée" sind gelegentlich und raschhin entworfen. Mühe zu systematisiren verwandte er eigentlich nur auf den kurzen und doch schönen Aufsatz „La Monadologie."
3) HARTENSTEIN „de Leibnitii materiae notione commentatio" 1846.

So viel über LEIBNIZ, gehen wir nun zu HERBART über.

In der Zeit da fichtischer Idealismus den Höhepunkt erreicht hatte, als HEGEL und SCHELLING als weitere Repräsentanten des Idealismus hervortraten, zeigt sich auf dem Gebiete der Philosophie eine neue philosophische Richtung: der Realismus, in's Leben gerufen durch HERBART. Schon früh entwickelten sich in HERBART die wichtigsten Punkte seines Denkens und früh entfernte er sich vom Standpunkte seines Lehrers FICHTE, durch eigenes ernstes Denken immer weiter vordringend in der Arbeit, in der Aufstellung eines neuen Systems, gestützt auf die gegebene Erkenntnis der Erfahrung. Das zeigen seine eigenen Worte: „von der Erfahrung sind wir ausgegangen, zur Erfahrung kehren wir zurück. Denn alle Spekulation, die nicht auf einem festen, das heißt unbestreitbar gegebenen Grunde beruht, ist leeres Hirngespinst"[1]). — „HERBARTS wahrhaft philosophischer Geist, seine der größten wissenschaftlichen Schärfe, der mathematischen, als Ziel und Vorbild nacheifernde Methode, sein die Erfahrungswissenschaften nicht weniger als das Feld reiner Begriffe umfassender Forscherblick, endlich das glückliche Geschick, das ihm vergönnte, seine metaphysischen Grundsätze nicht nur vereinzelt als „Meinungen", sondern systematisch als notwendige „Lehrsätze" bis in's Geringste zu zergliedern, zu ordnen, und zu verbinden: das alles sind eben so viele Bürgschaften für den Kern und die Tüchtigkeit seiner Errungenschaften auf philosophischem, namentlich metaphysischem Gebiete"[2]).

Die hier zitirten Worte werfen ein helles Licht auf HERBARTS philosophischen Geist und zeigen klar seine Bedeutung für die Entwickelung der Philosophie. Ihm hat die Metaphysik ungeheuer viel zu verdanken, war er es doch, der ihr, welche seit KANT vollständig zurückgedrängt war, wieder gebührende Würdigung zu teil werden ließ, ihr Gebiet mit genauen Schranken umgab, sie gegen die Empirie und „träumende Spekulation" abgrenzte und sie auf die positiven Erfahrungen einerseits und auf die Begriffe a priori anderseits neu begründete. Dies Urteil bezieht sich nur auf das Große und Ganze seiner Metaphysik. Ein weiteres Eindringen in's Einzelne wird das Große und

---

1) S. Metaphys. HERB. herausgeg. v. HARTENSTEIN.
2) S. Dr. R. ZIMMERMANN, LEIB. u. HERB. eine Vergleichung ihrer Monadologien, Seite 5.

Bleibende seiner Psychologie voll zur Würdigung bringen. Abgesehen von der metaphysischen Grundlage bildet die Psychologie HERBARTS und die darauf gebaute Pädagogik [1]) den Glanzpunkt seiner ganzen selbständigen Philosophie. Erst durch HERBART ist die Bedeutung der Psychologie klar geworden. Erst er hat sie zur völlig selbständigen Wissenschaft erhoben. Ein Blick auf ihren beklagenswerten Zustand vor HERBART zeigt klar und deutlich dessen hohes Verdienst auf genanntem Gebiete. Die veraltete Vermögenstheorie, das Überbleibsel der alten Philosophie, die ihre Geltung hartnäckig bis jetzt bewahrt hatte, verlor durch ihn ihre Macht. Er gab der Psychologie eine feste, unerschütterliche Grundlage, indem er die Vorstellung als Grundphänomen und Erklärungsprinzip für alle Modifikationen des Bewußtseins betrachtete.

Ein hohes Verdienst hat sich HERBART außerdem noch dadurch erworben, daß er seine Philosophie in ein System brachte und uns einen leichteren Überblick in seine Spekulation ermöglichte. Das System ist die erste Bedingung, wenn eine Wissenschaft einen festen und ausgeprägten Charakter bekommen soll. Erst durch das System ist eine deutliche Gruppierung und Beleuchtung ihres Stoffes möglich. HERBART hat seine Psychologie nicht zerstreut in verschiedenen Schriften niedergelegt, sondern er hat sie uns systematisch und methodisch bearbeitet hinterlassen. Seine psychologischen Schriften sind „Psychologie als Wissenschaft, neu gegründet auf Erfahrung, Metaphysik und Mathematik", sodann „Lehrbuch der Psychologie", seine kleinen psychologischen Aufsätze, ferner seine pädagogischen Schriften, in welchen sich trefflich und treu seine Psychologie wiederspiegelt, so daß wir diese letztere mit BENEKE's Ausdrucke „angewandte Psychologie" nennen können.

---

1) In seiner Pädagogik haben zwei namhafte Männer gearbeitet, nämlich STOY und ZILLER. Der erste hat nur das treue Bild der Pädagogik seines Lehrers in systematischer Gestalt niedergelegt, ohne jedoch etwas Neues hinzuzubringen, während der Zweite der Reformator der HERBART'schen Pädagogik genannt werden kann. Unter den Schülern des letzteren nimmt eine hervorragende Stelle H. Prof. Dr. REIN in Jena ein, dessen „Schuljahre" epochemachende Erscheinungen sind, in denen Theorie und Praxis in treffender Weise mit einander in Einklang stehen.

Bevor wir zur eigentlichen Untersuchung unseres Themas übergehen, ist es nötig, noch einen kurzen Blick auf die Monadologie beider Philosophen zu werfen und daraus, d. h. aus der Metaphysik, die Psychologie abzuleiten und zu beweisen zu suchen, inwiefern Leibniz in ersterer ein Vorgänger Herbarts ist. Die Monadologie beider ist schon verglichen worden, deshalb wollen wir uns nicht eingehender in sie vertiefen, denn ausgezeichnete Arbeiten sind schon vorhanden [1]), welche uns zeigen, daß Herbart auf diesem Gebiet gleichfalls ein würdiger Nachfolger Leibnizens ist. Er hat auf Grund der Anschauungen der Monadenlehre von Leibniz die Monadologie von neuem entdeckt, doch gelangte er auf einem ganz anderen Weg zu ihr als jener. Wir haben nun den Wegen beider nachzugehen und im Anschlusse daran die Unterschiede der Monadenlehre beider Philosophen darzulegen.

I.
Metaphysische Grundlage.

Im ersten Kapitel befassen wir uns mit der Untersuchung über die metaphysischen Grundansichten beider Denker, auf welche sich die Psychologie als Wissenschaft stützt.

Zuerst berühren wir diejenigen Punkte, in welchen beide Denker miteinander übereinstimmen, dann greifen wir die unterscheidenden Punkte beider Systeme auf und stellen zum Schluß die Resultate der Untersuchung zusammen.

Beide Denker, Leibniz sowohl als Herbart, nehmen im Gegensatz zu Spinoza als metaphysische Grundlage eine Vielheit wahrhaft seiender Wesen an. Leibniz spricht klar aus, daß sein System dem Spinozismus fern stünde, da der Schöpfer derselben keine Monaden annehme [2]). Spinoza kennt ja nur eine Substanz, die Erscheinungswelt ist nur eine Modifikation derselben.

Diese wahrhaft realen Wesen haben bei beiden Denkern

---

1) Die schönste Arbeit auf diesem Gebiete ist die von der königlichen dänischen Gesellschaft zu Kopenhagen gekrönte Preisschrift von Dr. Robert Zimmermann, betitelt: „Leibniz und Herbart, eine Vergleichung ihrer Monadologien." Wien 1849.

2) Je ne sais comment vous en pouvez tirer quelque Spinosisme; au contraire c'est justement par ces monades que le Spinosisme est détruit. — Sp. auroit raison, s'il n'y avoit point de Monades, et alors tout, hors de Dieu,

folgende Grundbeschaffenheiten: Einfachheit, Unteilbarkeit, Unzerstörbarkeit und substantielle Unveränderlichkeit. Allein bei Leibniz besteht die Einfachheit nur darin, daß die Substanz keine räumliche Ausdehnung hat, andererseits hat das Wesen in sich mannigfaltige innere Zustände, also ist das Leben desselben nicht einfach, denn es duldet in sich ein Werden, während bei Herbart nicht blos die Substanz, sondern auch ihre inneren Zustände streng als einfach gedacht werden.

Wenn man unteilbare Einheiten aufsuchen will, so muß man nach Leibniz unbedingt sich zu dem Gebiete des Geistigen wenden, denn die Körper sind aus immateriellen Bestandteilen zusammengesetzt. Als solche sind jene metaphysische oder substantielle Punkte, mathematische können sie nicht sein, da diese nicht reell genug sind. Bei Herbart sind die einfachen Wesen nicht teilbar, denn die absolut einfache und einzige Qualität kann nicht aus Teilen bestehen. Wäre sie teilbar, so wäre sie eben keine Einheit mehr, sondern eine Vielheit. Gesetzt aber auch, die absolute Qualität bestände aus untrennbaren Teilen, dann wäre sie immerhin ein Vielfaches. Aus der Unteilbarkeit ergiebt sich Unzerstörbarkeit[1]). Da das einfache Wesen nach Leibniz sowohl als nach Herbart keine Teile besitzt, so ist es auch unmöglich, daß es sich auflösen und in seinen Teilen neu zusammensetzen kann. Nach beiden ist es also an sich unveränderlich; nach Leibniz erfahren seine Zustände eine Veränderung, während die Substanz an sich unverändert bleibt. Hingegen ist bei Herbart eine Veränderung unmöglich, denn mit jeder Veränderung wird es aufhören, dasselbe Wesen zu sein. Inwiefern ist aber eine Veränderung ohne Aufheben des Wesens unmöglich? Wenn es aus Teilen bestünde, so könnte durch die Verbindung der Teile derselben eine formelle Veränderung stattfinden, ohne daß der strenge Begriff des Wesens zerstört wird; da es aber aus Teilen nicht zusammengesetzt ist, so müßte seine einfache Qualität durch eine andere ersetzt werden, dann würde es aber

seroit passager et s'évanouiroit en simples accidens ou modifications puisqu'il n'y auroit point la base des substances dans les choses, laquelle consiste dans l'existence des Monades. (Lettre II à Mr. Bourguet).

1) „Tout esprit étant comme un monde à part, suffisant à lui-même, indépendant de toute autre créature, envelopant l'infini, exprimant l'Univers, est aussi durable, aussi subsistant, et aussi absolu que l'Univers même des créatures." Syst. Nouv. 128 Erd.

nicht mehr dasselbe sein. Es besitzt bei HERBART auch nicht solche wirkliche innere Zustände wie nach LEIBNIZ, daß man von einer Veränderung sprechen könnte. Diese realen, wahrhaft seienden Wesen können ferner weder etwas empfangen, noch produzieren; bei LEIBNIZ hat das Wesen keine Fenster, durch welches etwas ein- oder auszutreten vermöchte, bei HERBART hingegen wird das Wesen in diesem Falle eine Veränderung erleiden und die Folge davon ist uns aus vorigen Zeilen schon bekannt.

Bis jetzt betrachteten wir die einfache Substanz. Bei LEIBNIZ steht im Gegensatz zu dieser die zusammengesetzte, eine Anhäufung von einfachen Substanzen. Sie tritt uns entgegen in den Körpern, jene dagegen ist Voraussetzung und Bedingung der zusammengesetzten Substanz, denn ohne Einheit keine Vielheit, ohne Einfachheit nichts Zusammengesetztes. Wahrhafte Quellen der Thätigkeit sind eben diese teillosen Einheiten.

HERBART ist auch derselben Ansicht, indem er Zusammengesetztes annimmt, welches aus einfachen Wesen besteht, jedoch ist dieses nicht ein Seiendes, sondern ein Produkt oder Aggregat wahrhaft seiender Wesen.

Soviel über die übereinstimmenden Punkte beider Denker, gehen wir nun zu der Besprechung der unterscheidenden über.

HERBART ist sich des Unterschiedes des von ihm gedachten Wesens von dem des LEIBNIZ klar bewußt, denn gleich am Anfange seiner Metaphysik setzt er sich mit LEIBNIZ darüber auseinander. Er sagt: „Hätte es einen Wert für dieses Werk (Metaphysik) ein prachtvolles Thor aufzubauen, das zum Eingang dienen könne, so werden wir den Stoff dazu nirgends als bei LEIBNIZ finden. Denn was ist nach ihm die Welt? Ein durchaus zusammenhängendes Ganze, unendlich ausgedehnt, ohne leeren Raum, in jedem kleinsten Teile unendlich voll von Wesen, folglich aus unendlich vielen merklichen Teilen bestehend, überdies jedes einzelne Wesen eine thätige Kraft, so daß kein Körper vollkommen ruht, keine Seele vollkommen schläft, vielmehr auch jedem auch nicht vernünftigen Wesen eine Art von Perception und Streben innerlich zukommt. Vermöge dieser Eigenschaft der realen Wesen oder Monaden wiederholt sich gleichsam das unendliche Ganze in jedem Punkte, denn jede Monade ist ein Spiegel der Welt gemäß ihrem Standorte. Und doch bei aller dieser Fülle und Größe erschöpft die wirkliche Welt nicht das Gebiet der Möglichkeiten. Gott wählte sie als das Beste unter dem Möglichen. Durch einen einzigen Ratschluß hob er sie aus dem Reiche des Möglichen. Der Schule war nun die ungeheuere Aufgabe gestellt, eine solche Lehre zu beweisen, denn daß LEIBNIZ's fragmentarische Schriften dazu nicht hinreichen konnten, lag vor Augen."

LEIBNIZ nennt seine einfachen Wesen Monaden [1]), HERBART hingegen Seiende, Reale und bisweilen Elemente.

Die Monade LEIBNIZENS kann man durch „thätige Kraft" definieren. Die Kraft macht also das Wesen der Monade aus, daher kann man folgern, daß die Monas oder die Substanz nicht dasjenige ist, was durch sich ist, sondern der Grund der Zustände. Hier müssen wir aber zweierlei merken, um Mißverständnissen zu begegnen: einerseits, daß die Monade nicht mit den Atomen zu verwechseln ist, denn die Atome sind erstens etwas Körperliches, und zweitens werden sie nur durch eine andere Kraft in Bewegung gesetzt. („Et c'est une des preuves, que j'ai pour détruire les Atomes"); andererseits ist die thätige Kraft (force active) in der Monade nicht mit der bloßen Fähigkeit oder dem thätigen Vermögen der Scholastik zu verwechseln. In der ersteren liegt ein Streben (conatus), das wirklich zur Thätigkeit wird, sobald die hindernden Einflüsse beseitigt sind. Die letztere hingegen ist nichts anderes als die Möglichkeit, handeln zu können, es bedarf aber noch eines Antriebes oder Stoßes, daß die Handlung erfolgt. Fassen wir das über die Monade Gesagte zusammen, so ergiebt sich, daß Existenz und Thätigkeit der Monade in eins verschmelzen, so daß wir mit Recht die Monade mit LEIBNIZ „als ein des Handelns fähiges Wesen" [2]) definieren können. Hier wird also SPINOZA's Leugnung der Selbständigkeit des Einzelwesens zurückgewiesen und vielmehr dem letzteren Substanzialität verliehen [3]). LEIBNIZ ist sich auch bewußt, daß dies vornehmlich seinen Unterschied gegen SPINOZA ausmache. Die Monade hat in sich

---

1) Erst G. BRUNO bringt den Ausdruck in der Metaphysik zum Gebrauch, indem er damit geistige, körperliche, individuelle, unvergängliche Elemente des Seienden bezeichnet. Diese Monade nach BRUNO ist die Einheit des Stoffes und der Form, im Gegensatz zu ARISTOTELES. Bei LEIBNIZ tritt der Ausdruck erst im Jahr 1695 in seinem Werke „Nouveau système" auf, bis zu jener Zeit bezeichnet er die Sache mit Forma substantialis, force primitive, Entelechie etc.

2) La substance est un être capable d'action. (Princ. de la Nat. et de la Gr. 92).

3) „Quod non agit, non existit; quod agit, est substantia singularis".

nicht nur die Kraft, thätig zu sein, sondern sie ist sogar beständig thätig. Die Thätigkeit aber hat sich die Monade nicht selbst gegeben und sie ist ihr ebensowenig von Außen gegeben worden, denn es kann von Außen nichts gegeben werden. Wie wir oben erwähnten, ist sie fortwährend thätig, und wenn sie zu wirken aufhört, hört auch und zwar in demselben Momente ihr Sein auf. So bleibt doch ihr ganzes Thun auf sie selbst, auf ihr Inneres beschränkt, da sie nichts von Außen empfangen kann, denn sie hat kein Fenster, durch welches irgend etwas ein- oder auszutreten vermöchte. „Dasjenige, was durch die thätige Kraft der Monade verändert wird, ist nichts Anderes, als sie selbst; sie ist sich selbst Objekt ihrer Thätigkeit, und in diesem Sinne zugleich ein leidendes und thätiges Prinzip in einer Realität vereinigt. Sie wirkt daher auf sich selbst, und sie leidet von sich selbst, sie ist ihre eigene Entelechie und ihre eigene Materie; sie spaltet sich in zwei und ist doch eins; geteilt und teillos: denn diese Diremtion in Thätiges und Leidendes erfolgt nur dem Begriffe, nicht der Sache nach; sie ist in beiden Fällen die Nämliche, nur von verschiedener Seite betrachtet. Sie bedarf daher, um thätig zu sein, weder eines Antriebes von außen, noch eines Stoffes, sei es ein einfaches Wesen oder eine form- und gestaltlose Materie, auf welche sie einwirken soll; denn sie kann überhaupt auf nichts als auf sich selbst wirken. Weil aber keine Monade äußerlich zu wirken vermag, so vermag sie auch nichts von Außen zu empfangen, denn von wem sollte sie eine Einwirkung erfahren? Dies müßte entweder von Monaden, oder von einer Materie geschehen, aber Monaden wirken nicht außer sich, und Materie, wenn es auch solche gäbe, wirkt überhaupt gar nicht und was in ihr wirkt, sind nur Monaden. Obwohl das Wirken der Monas ein innerliches und auf sich selbst beschränktes ist, so ist es doch ein wahres Thun und Handeln, Erzeugnisse dessen gleichfalls wirkliche Zustände und Beschaffenheiten in der Monas sind"[1]).

Wir bemerkten, daß die Monaden thätige Kraft besitzen und haben vorher ebenso betont, daß diese Thätigkeit Handeln und Thun ist, welches innere Zustände bewirkt u. s. w. Betrachten

---

[1]) S. ZIMMERMANN, „LEIBNIZ und HERBART, eine Vergleichung ihrer Monadologien." Wir haben diese letzte Darstellung von ZIMMERMANN übernommen, da sie unserer Ansicht nach nicht besser zu geben ist.

wir diese Thätigkeit nun etwas genauer. Es genügt gewiß nicht, wenn wir sagen, die Thätigkeit sei ein Handeln und Thun oder wirkliches Geschehen, denn mit dem Wesen der stetigen Thätigkeit sind wir noch nicht bekannt. Sie ist als vorstellende Kraft zu denken: die Monade hat weiter nichts zu thun, als etwas sich vorzustellen. Was und wie die Monade vorstellt, das wollen wir einstweilen unberührt lassen und deshalb auch die Darstellung der Monadenlehre des Leibniz unterbrechen, um uns mit der Ansicht Herbart's zu befassen.

Was ist denn das Reale Herbart's und wie können wir es erkennen und definieren? Um das wahrhaft Seiende zu erkennen, müssen wir von dem Gegebenen ausgehen. Alles zunächst Gegebene kann nicht das Seiende sein, denn dieses hat in sich Widersprüche, es muß vielmehr hinter dem Gegebenen aufgesucht werden. Dadurch gelangen wir zu etwas, dessen Setzung nicht mehr zurückgenommen werden kann, und dies ist das wahrhaft Seiende. In ihm können wir zwei Begriffe entdecken; erstens den Begriff des Seins und den des Was. Das Sein können wir bestimmen als Setzung, und zwar als eine nicht zurückzunehmende, daraus ergiebt sich also der Schlußsatz: „das Sein ist die unbedingte Setzung."

Das Sein steht unmittelbar in Beziehung zu einem Was. „Gesetzt, es stünde in keiner Beziehung: so dürfte man den Begriff schlechthin gebrauchen; demnach den Satz aussprechen: das Sein ist. Aber der Satz sündigt wieder sich selbst. In dem: Ist, liegt Sein als Prädikat, welches der Satz selbst verbietet. Da nun der Satz sich aufhebt, so folgt: das Sein ist nicht. Nämlich nicht selbst, sondern es gebührt ihm ein Was, das da sei. Dieses Was selbst aber bleibt unbestimmt, weil der Begriff des Seins bloß das ausdrückt: es werde bei dem einfachen Setzen dieses Was sein Bewenden haben"[1]). Fassen wir den Begriff der unbedingten Setzung etwas schärfer ins Auge. Was und wie wird denn gesetzt? Gesetzt wird also nur eine Qualität und diese ist unbedingt gesetzt. Deshalb enthält diese weder eine Negation, noch eine Relation, denn sie widersprechen der unbedingten Setzung. So können wir das Seiende als eine schlechthin gesetzte einfache Qualität betrachten. Aus allem

---

1) Herbart's Metaphysik, I. T., S. 16.

Gesagten ergiebt sich also, daß das Reale schlechthin eine unbedingt gesetzte einfache Qualität ist.

Wir haben vorhin gesehen, daß die Thätigkeit der Monade ihr immanent ist, wie verhält es sich nun mit dem Realen Herbart's? Es steht in Bezug auf die Thätigkeit im schroffsten Gegensatze zu der Monade: diese ist eine beständige Thätigkeit und zwar eine vorstellende, jenes dagegen ein ruhendes, nichtwirkendes Sein. Da das Reale in sich keine Kraft hat, so ist jede Art von Selbstthätigkeit von ihm ausgeschlossen.

Aber wie ist es möglich, daß ein Geschehen zustande kommt, wenn die Realen wirklich passiv, d. h. weder wirkend, noch leidend sind? Zwischen Realen findet ein Verhältnis statt, das allerdings die Passivität derselben nicht aufhebt: „Wir dürfen die einfachen Qualitäten gar nicht antasten. Sie können mit dem was geschieht, nur mittelbar zusammenhängen" [1]. Dies Verhältnis besteht darin, „daß in der einfachen Qualität etwas geändert würde durch das andere, wenn nicht ein jedes gegen die Störung sich selbst in seiner Qualität erhielte". — „Sie bestehen in dieser Lage, in der sie sich befinden, wider einander, ihr Zustand ist Widerstand", anders ausgedrückt: „sie drücken einander; Druck ist Ruhe durch gegenseitiges Bestehen vor einander" [2]. Es sollte also eine Abänderung von statten gehen, aber das Reale erhält sich: „Störung sollte erfolgen, Selbsterhaltung hebt die Störung auf, dergestalt, dass sie gar nicht eintritt" [3]. Also beruht das Erhalten auf dem inneren Gegensatz der Qualitäten, aber „mit dem, was man gewöhnliche Kraft nennt, hat dieser Gegensatz keine Ähnlichkeit, denn hier ist kein Angriff von einer Seite, kein Seiendes gegenüber dem Thätigen". — „Der Gegensatz ist zwischen beiden, nicht aber in einem von beiden." [4] Dies Bestehen der Qualität heißt Selbsterhaltung und dieses Geschehen ist (zugleich das wahrhafte Geschehen in der Natur) einfach, entsprechend dem Sein, das sich erhält. Das obige etwas deutlicher ausgedrückt: die Realen sind einfache passive Wesen, sie können nichts aus sich selbst produzieren,

---

1) Herb. allgemeine Met., § 232, p. 132.
2) Met., § 234, p. 137.
3) Met., § 235, p. 138.
4) Met., § 235, p. 139.

die inneren Zustände entstehen vielmehr erst durch das Verhältnis, die Wechselwirkung solcher Realen. Hier kommt der Satz „keine Substanzialität ohne Kausalität" zur vollen Geltung. Hierauf beruht einer der größten Unterschiede zwischen Leibniz und Herbart. Jener lehrt das Angeborensein verschiedener Keime, dieser führt das Geschehen auf das bloße Verhältnis zurück.

Bei Leibniz fanden wir in der Monade ein wirkliches Geschehen, ein wahres Thun und Handeln. Ist nun bei Herbart das Geschehen, welches auf der Wechselwirkung der Realen beruht, ebenfalls ein wirkliches? Wir geben eine verneinende Antwort, denn die Selbsterhaltung ist „der Gegensatz in den Qualitäten je zweier Seienden, welchem beide zugleich widerstehen". Sie kann nicht die Produktion einer Kraft, überhaupt eine Kraftäußerung sein, denn die Realen sind ruhendes Sein. Hier ist die fatale Stelle der Herbart'schen Metaphysik. Die Realen rnhen und sind doch die Ursache des Geschehens, sie wirken nicht und doch bewirken sie etwas. Der Widerspruch steckt also in dem engen Raum zwischen zwei Realen, sie sollen in Relation und wiederum nicht in Relation stehen.

Am Anfange dieses Kapitels schon haben wir auf zwei Punkte aufmerksam gemacht: wir haben erstens betont, daß Leibniz im Gegensatz zu Spinoza eine Mehrheit von Monaden annimmt, zweitens daß die Kraft in der Monade ausschließlich eine vorstellende Kraft ist, aber den Inhalt dieses Vorstellens haben wir unberührt gelassen. Es muß selbstverständlich ein „Etwas" sein, was vorgestellt wird, ein positiver Inhalt. Betrachten wir also diesen Inhalt des Vorstellens. Vorher bemerken wir, daß eine Monade allein nicht existieren kann, denn sie setzt in ihrem Begriffe das Dasein anderer Monaden voraus. Sie kann aber nicht nur nicht für sich allein existieren, sondern auch allein nicht gedacht werden, denn jede Monade stellt alle anderen Monaden und das Universum in sich vor. Die Thätigkeit der Monade ist also das Vorstellen, der Inhalt des Vorstellens sind die anderen Monaden, oder mit einem Worte, das Universum. Aber wir haben schon früher erwähnt, daß bei Leibniz die Existenz und Thätigkeit gleichgesetzt werden, so können wir aus unserem Gesagten einen wichtigen Schluß ziehen: Eine Monade kann nicht allein existieren und gedacht werden, weil, wenn wir die anderen Monaden aufheben, so heben wir das Vorstellen, die Thätigkeit auf, mit der

Aufhebung der Thätigkeit heben wir auch die Substanz auf, denn Existenz und Thätigkeit werden gleichgesetzt.

Die Monade also ist nicht nur in ihrer selbständigen Thätigkeit ein Kosmos für sich, sondern auch Repräsentant des Universums, sie ist die große Welt im kleinen, im Mikrokosmos, in der petit monde [1]) dargestellt. Sie faßt die Außenwelt wie ein lebendiger Spiegel [2]). In betreff dieses Punktes ist bei HERBART nicht viel zu sagen, um Vorhergegangenes nicht zu wiederholen. Hier steht HERBART im schroffsten Gegensatz zu LEIBNIZ, denn sein Seiendes ist durchaus ein ruhendes, seine Grenzen nicht überschreitendes Wesen.

Betrachten wir nun, ob es eine Gleichheit zwischen Monaden giebt. Nach LEIBNIZ kann eine solche nicht bestehen, denn er unterscheidet je nach der Deutlichkeit des Vorstellens des Universum, höhere und niedere Monaden [3]). Die Kraft der Monade ist immer beschränkt, keine derselben kann das Maß ihrer Kräfte übersteigen, wäre die Kraft nicht beschränkt, so wäre sie Gott, reine Thätigkeit und Freiheit, und könnte das ganze Universum in sich vollkommen deutlich vorstellen. Deshalb muß jede Monade das Universum beschränkt vorstellen, nämlich von ihrem point de vue. Jedoch ist der Grad der Beschränkung zu beachten. Diese ist deutlicher als jene, jene ist verworrener als die dritte u. s. w. So gelangen wir zu einer Stufenreihe, welche die Monaden nach dem verschiedenen Grad ihrer Kräfte geordnet enthält. Das richtige Maß ist in diesem Satze ausgesprochen: „alle höheren Wesen sind in den niederen unklar, alle niederen Wesen in den höheren klar vorgestellt". LEIBNIZ unterscheidet drei Hauptstufen der Monaden. Erstens die bloßen oder nackten Monaden, deren Vorstellungen immer unklar, unbewußt sind, sie liegen in Ohnmacht

---

1) N. CUSANUS bezeichnet die Einzelwesen als Spiegel des Alls. Das Spiegeln ist das Vorstellen, je deutlicher, desto gröfsere, desto vollkommenere Erhebung und Activierung eines potentiellen Besitzes, des unbewußten Elementes innerhalb des Geistes. Hier stecken, wie wir sehen, die Keime der LEIBNIZ'schen Philosophie, welche BRUNO weiter entwickelt hat.

2) — chaque monade est un miroir vivant, ou doué d'action interne, représentatif de l'univers. (Princ. de la nat. et de la grâce).

3) Que chaque substance exprime l'univers tout entier, mais l'une plus distinctement que l'autre, sur-tout chacune à l'égard de certaines choses, et selon son point de vue. (Lettre à M. Arnauld).

oder im Schlummer; auf der zweiten Stufe steigert sich die Vorstellung zum Bewußtsein und Gedächtnis, diese Monaden werden Seelen genannt; auf der dritten Stufe erhebt sich die Seele zum Selbstbewußtsein und sogar zur Vernunft, solche Monaden heißen Geister. Untersuchen wir ob bei Herbart zwischen den Realen sich eine Gleichheit findet. Während der Unterschied zwischen den Monaden bei Leibniz ein gradueller ist, denn die Qualität ist in allen gleich, nämlich dieselbe vorstellende Kraft, so tritt uns bei Herbart ein qualitativer Unterschied der Realen entgegen. Es giebt keine gleichen oder gleichartigen Realen; ihre Qualitäten stehen sogar zueinander im Gegensatze. Darin liegt der Grund der Selbsterhaltungen, denn wenn die Realen gleiche Qualität hätten, so könnte ein „Sichselbsterhalten" nicht möglich sein.

Berühren wir noch die Frage, ob die Monaden sowohl als die Realen an bestimmte Orte gebunden sind. Die Monaden bezeigen sich im Raume und in der Zeit, sie haben ihre Wirkungen an bestimmten Punkten des Raumes und in bestimmten Augenblicken auszuüben. Die Realen hingegen sind weder im Raume, noch in der Zeit, sie werden nur im Denken erfaßt.

Die Spitze des Leibniz'schen Monadengebäudes bildet die Urmonade. Ohne sie ist keine Harmonie zwischen den Monaden denkbar, ja die Existenz derselben ist unmöglich. Die Ur- oder Zentralmonade ist der allweise, der allgütige und allmächtige Schöpfer. Die Realen Herbarts hingegen sind unbedingt gesetzt, sie sind nicht geschaffen, können daher auch nicht vergehen, sie bedürfen nur eines Ordners.

Trotz der Abweichungen ist Herbart als ein Nachfolger Leibnizens zu bezeichnen. Selbst Herbart hat es bestätigt, indem er sagte: „die Monadologie werde wieder hervortreten, wenngleich in sehr veränderter Form." — „Es wird uns nicht mehr Wunder nehmen dürfen, wenn wir nach genauer Prüfung in Herbarts Lehre eine so sehr umgestaltete Monadologie erkennen sollten, daß wir am Ende zweifelhaft werden, ob sie auch diesen Namen führen dürfe; nicht mehr Wunder nehmen, wenn an die Stelle der lebensvollen, in stetem Wechsel und ununterbrochener Thätigkeit forthandelnden Monas, die eine unendliche Menge wirklicher vorstellenden Zustände in sich und eine ebenso große Zahl wirklicher Beschaffenheiten an sich zu beherbergen vermag, die, ein lebendiger Spiegel, in jedem Augenblicke der Zeit das unbegrenzte Universum repräsentiert, wenn an deren Stelle ein seiner inneren Qualität nach unerkennbares, schlechtweg gesetztes Etwas treten sollte, ohne innere Kräfte, Streben und Tendenzen, ohne Vielheit von Eigenschaften und Attributen, ohne inneren Reichtum an wirklichen und wirkenden Zuständen, ein reines, starres, bewegungsloses Sein, dessen streng einfache Qualität sich weder zu äußern noch zu erkennen zu geben vermag"[1]).

Nachdem wir die übereinstimmenden und unterscheidenden Punkte der Metaphysik beider Denker festgestellt haben, wenden wir uns zur Ableitung der Psychologie aus der metaphysichen Grundlage. Was ist nach LEIBNIZ die Seele, und wie kann man sie erkennen? Nach ihm ist die Seele, wie wir schon einmal in dem Vorhergehenden bemerkt haben, eine Monade. Ist aber jede Monade im strengsten Sinne des Wortes eine Seele? Nein, denn die Seele ist diejenige Monade, die mit Empfindung und Gedächtnis ausgestattet ist, oder mit anderen Worten, sie ist Träger der deutlichen Vorstellungen. Außerdem können wir die Seele als diejenige Monade bezeichnen, die mit einem Leibe umkleidet ist und in allen ihren Teilen ihn niemals verläßt. Die Thätigkeit jeder Monade wird aber nicht anders bezeichnet als die der Seele, nämlich als Vorstellen. LEIBNIZ betrachtet das Vorstellen als ursprüngliche Denkthätigkeit, mit ihm nimmt das psychologische Gebäude seinen Anfang. Obwohl LEIBNIZ die Psychologie von der Metaphysik unterscheidet, so schiebt er doch fortwährend in die psychologischen Untersuchungen metaphysische Auseinandersetzungen ein, so daß die Darstellung der LEIBNIZ'schen Psychologie in reiner Gestalt nicht möglich ist. Bei HERBART hingegen ist die Sache etwas komplizierter und behaftet von Widersprüchen. Bei der Begründung der Psychologie geben wir ihm selbst das Wort: „Synechologie und Eidololologie haben das miteinander gemein, daß sie zur Erklärung der Erscheinung hingewendet sind, indem diese der Psychologie, jene der Naturphilosophie die Grundgedanken liefern muß"[2]). Eidololologie giebt der Psychologie die Grundlage durch die Festsetzung des Begriffes „Ich". Dabei hat die erstere die Aufgabe oder vielmehr die metaphysische Regel nicht zu vergessen, daß das Gegebene nur allein der Ausgangspunkt des Wissens sein kann. Aber was ist denn gegeben, wird

---

1) ZIMMERMANN, LEIBNIZ und HERBART, Vergl. ihrer Monadologieen, S. 11.
2) HERB., Hauptpunkte der Metaphysik, § 140, p. 415.

wohl gefragt werden müssen. Die Antwort wird lauten: es ist die Thatsache des Wissens gegeben. „Es wird überdies ein Punkt angenommen, in welchem alles Wissen beisammen sei, und mit ihm das Wissen vom Wissen bis ins Unendliche. Ich weiß von mir, das gilt als das Gewisseste im ganzen Gebiete des Wissens. Nichts anderes ist in meinem Wissen so unmittelbar gegeben und beständig gegenwärtig. Zu diesem Punkte wird ohne weiteres hinzugerechnet das Sein, daher der Satz „Ich bin" [1]. Die Ontologie untersucht den Begriff des Ich und kommt zu folgendem Resultate: „das Ich ist sonach eine Komplexion von Merkmalen und fällt daher unter den logisch höheren Begriff eines Problemes (Inhärenz)" [2]. „Die Substanz, welche wegen des „Ich" muß gesetzt werden, heißt nach allgemeinem und unverwerflichem Sprachgebrauch Seele. In ihr giebt es keine Attribute, denn es giebt überhaupt keine solchen, sondern so viele Merkmale, so viele Ursachen." Daher kommt es, daß „die Seele ist nicht ursprünglich eine Reflexionskraft . . . vielmehr muß ihrer ganzen geistigen Mannigfaltigkeit eine hinreichende Menge und Bestimmung eines vielfältigen Zusammen mit anderen und wieder anderen realen Wesen vorausgesetzt werden. Dieses ist nunmehr vollständig bewiesen, und diese Lehre der Eidolologie ist die erste metaphysische Grundlehre der Psychologie" [3]. Sodann schreiten wir fort zu dem Leben der Seele. Das Verhältnis der Realen haben wir schon wiederholt Selbsterhaltungen genannt. Ob wir auch die ursprüngliche Thätigkeit der Seele mit demselben Namen bezeichnen können? Die Selbsterhaltungen der Seele tragen bei HERBART den Namen Vorstellung. Diese hat im Gegensatz zu LEIBNIZ beschränkten Sinn, d. h. sie bezieht sich nur auf die Psychologie. Jedoch Vorstellungen und Selbsterhaltungen sind fast dasselbe, nur in verschiedener Beziehung, „wie Logarithmen und Potenzexponenten". Der Ausdruck Vorstellung bezieht sich auf das Phänomen, das im Bewußtsein stattfindet, hingegen die Selbsterhaltung ist „der reale Actus", der nicht Gegenstand des Bewußtseins ist, sondern die Thätigkeit, welche das Bewußtsein erst ausmacht. „Vorstellungen sind Selbsterhaltungen der Seele." — „Wenn die Seele mit anderen und wieder anderen Wesen mittel-

---

[1] Dr. SCHNEIDER, Die met. Grundl. HERB. Psych., S. 42.
[2] HERB. Met., § 310, p. 280.
[3] HERB. Met., § 312, p. 281.

bar oder unmittelbar zusammen ist, so müssen nach der Lehre vom wirklichen Geschehen Selbsterhaltungen in ihr vorgehen. Diese sind für sie selbst ein bloß innerliches Thun, denn von den zugehörigen Selbsterhaltungen in den anderen Realen fällt nichts in sie hinein, und sie kann unmittelbar davon nicht das Mindeste merken" [1]). Somit ist auch der zweite Hauptsatz der Psychologie bewiesen. Obwohl es nicht unsere Absicht ist, eine Kritik der HERBART'schen metaphysischen Prinzipien zu liefern, da sie fern von unserer Aufgabe liegt, wird es doch erlaubt sein, unser Bedenken darüber auszusprechen. Wir sahen, daß das Ich eine Komplexion der Merkmale ist, ebenso richteten wir unsere Aufmerksamkeit auf die Substanz, die wegen des Ich gesetzt wird. Hier sehen wir in der Substanz eine Mehrheit von Zuständen, während wir in der Lehre des Seienden fanden, daß keine Mannigfaltigkeit in den Realen liegen könne. Es ist offenbar ein Widerspruch. Um unser Urteil zu rechtfertigen, sei es erlaubt, eine Stelle von HERBART's Metaphysik zu citieren: „Vorstellungen sind Selbsterhaltungen; sie müssen als Kräfte angesehen werden; die mehreren Thätigkeiten eines und desselben Wesens, die in ihm zusammen sind, vernichten einander nicht, sondern hemmen sich wechselseitig; das Gehemmte dauert daher in einer anderen Form, in jener des Strebens fort; die Hemmung erfolgt nicht ganz, weil kein Grund vorhanden ist, warum von der einen Alles, von der anderen gar nichts gehemmt werden sollte; die Hemmung verteilt sich demnach, erfolgt auch wohl halb, und darauf beruht die Möglichkeit der Wiedererweckung und Rückkehr der Vorstellungen ins Bewußtsein" [2]). Zeigen diese Worte nicht einen auffallenden Widerspruch gegen seine ersten ontologischen Prinzipien? Wie entstehen diese Kräfte in dem kraftlosen Realen? Wie entspricht denn die Vielheit der Zustände der strengen Einfachheit und Thatlosigkeit der Qualität? Wie endlich das Hemmen und Freiwerden der Einfachheit der Qualität? Lauter dunkle und widerspruchsvolle Punkte in der HERBART'schen Metaphysik.

Wir wissen ebenso aus der Metaphysik, daß die Empfindungen (Vorstellungen) verschieden sind, folglich auch die Selbsterhaltungen, demgemäß können wir den richtigen logischen Schluß ziehen, daß die Seele sich selbst erhält als

---
1) HERB. Met., § 313, p. 283.
2) HERB., Hauptp. der Metaph., § 13.

eine verschiedene. Solche verschiedene Qualitäten in der Seele anzunehmen, verbietet uns aber einfach die Lehre des Seins. Wir wollen uns hierauf nicht weiter einlassen und bemerken nur, daß, wie man auch diese Theorie anders bezeichnen will, wir sie als eine verfehlte ansehen. Wie wir also gefunden haben, ist nur der Grundstein der Psychologie von Herbart in seiner Metaphysik zu suchen. Und somit hört auch hier die Metaphysik auf in die weitere Gestaltung einzugreifen. Im weiteren Bau tritt die Psychologie Herbart's in ihre Exaktheit und Größe; selbst derjenige, der ihre metaphysische Grundlage verwirft, sieht mit Zufriedenheit Herbart's psychologisches Gebäude so scharfsinnig zusammengestellt. Einen weiteren Beweis für die Tüchtigkeit seiner Psychologie giebt uns seine darauf gebaute Pädagogik.

Also Folge unserer bisherigen Betrachtung ist, daß die Metaphysik Leibniz's über das Wesen der Monade, die Herbart's über das Wesen der Realen Licht zu verbreiten hat. Die Psychologie des ersteren betrachtet die Monade als Seele und erklärt durch die darin wirkenden Kräfte die Erscheinungen in der menschlichen Seele und klassifiziert sie in verschiedene Gruppen u. s. w. Die Metaphysik und Psychologie Herbart's vollbringen dieselben Arbeiten, aber in viel genaueren Zügen als die des ersteren; zu zeigen, wie die Psychologie der beiden Denker sich weiter gestaltet, ist die Aufgabe des nächsten Kapitels.

Nachdem wir die letzten Untersuchungen in diesem Kapitel beendigt haben, stellen wir im Anschluß daran zur leichteren Orientierung eine Tabelle der übereinstimmenden und der unterscheidenden Punkte der in diesem Kapitel behandelten Prinzipien auf.

I. Übereinstimmende Punkte.

1. Leibniz sowohl als Herbart nehmen eine Anzahl wahrhaft realer Wesen, im Gegensatz zu Spinoza, an.

2. Nach beiden Denkern ist das Wesen einfach. Nach Leibniz deshalb, weil das Wesen keine räumliche Ausdehnung hat. Nach Herbart hingegen ist es der Qualität nach streng einfach.

3. Beide betrachten auch das Wesen als Unteilbares. Nach Leibniz wird es als metaphysischer Punkt angesehen. Nach Herbart kann strenge Einfachheit nicht aus Teilen bestehen.

4. Beide fassen es als Unzerstörbares auf, denn ein Ent-

stehen oder Vergehen kann nur aus Verbindung und Trennung der Teile hervorgehen.

5. Sie sind ebenso im Wesen unveränderlich. Nach Leibniz sind nur ihre Zustände veränderlich, nach Herbart hingegen müßte mit jeder Veränderung überhaupt ein Qualitätswechsel eintreten.

6. Ferner haben sie keine Anlagen, etwas zu empfangen oder zu produzieren (im alten Sinne).

7. Nach Leibniz sowohl als nach Herbart giebt es außer den einfachen Substanzen auch zusammengesetzte; dort eine Einheit in der Einheit, hier eine Vielheit in der Einheit. Nach beiden tritt sie uns in den Körpern entgegen.

8. Leibniz sowohl als Herbart leiten die Psychologie aus der Metaphysik ab.

II. Unterscheidende Punkte.

1. Die wahrhaft realen Wesen bezeichnet Leibniz mit dem Namen Monade, Herbart als Reale.

2. Die Monade hat in sich innewohnende Kraft, thätig zu sein, und zwar beständig. Das Reale hingegen ist ein ruhendes Sein, jede Thätigkeit ist von ihm ausgeschlossen. Seine Qualität ist unbekannt.

Also wird Existenz und Thätigkeit nach Leibniz gleichgesetzt, bei Herbart nicht.

3. Das Geschehen bei Leibniz ist ein substantielles, bei Herbart hingegen ein phänomenales. Dort findet es durch und aus sich selbst statt, es ist — angeboren, hier dagegen durch das Verhältnis der Realen.

4. Jede Monade nach Leibniz ist ein Repräsentant des Universums, während bei Herbart gar keine Rede davon sein kann.

5. Bei Leibniz besteht ein gradueller Unterschied zwischen den Monaden: nackte Monaden, Seelen und Geister.

Bei Herbart unterscheiden sich die Realen qualitativ, sie stehen im schroffsten Gegensatze zu einander; darauf beruht gerade das „Sichselbsterhalten" der Qualität jedes Realen.

6. Bei Leibniz steht an der Spitze des Monadengebäudes eine Zentralmonade, bei Herbart ein Ordner.

7. Bei Leibniz geht aus der Annahme der in der Monade wirkenden Kräfte eine Psychologie, eine Erklärung der Erschei-

nungen in der menschlichen Seele hervor, bei HERBART aus der Annahme der Relation der Realen.

8. Bei LEIBNIZ bleibt die Psychologie stets in dem Rahmen der Metaphysik und macht sich nie los, während bei HERBART die Metaphysik die Bahn für eine exakte Psychologie frei macht.

9. Bei LEIBNIZ ist die Vorstellung ein metaphysischer und nicht ein psychologischer Begriff, während bei HERBART der Ausdruck beschränkt ist und nur in der Psychologie eine Anwendung findet.

II.
Psychologische Betrachtung.

Mit diesem Kapitel treten wir in unsere eigentliche Arbeit ein, nämlich in die Untersuchung, ob und inwiefern LEIBNIZ in psychologischen Grundbegriffen[1]) als ein Vorgänger HERBART's gelten kann. Zu diesem Zwecke stellen wir zunächst ihre Ansichten über die einfachsten Zustände der Seele dar, um dann zur Untersuchung ihrer Meinungen über die abgeleiteten überzugehen. Vorher müssen wir jedoch einen Blick auf die Methode der Aufstellung der psychologischen Thatsachen werfen.

Der Plan unserer weiteren Arbeit gestaltet sich folgendermaßen:

1. Die Methode der Psychologie bei beiden Denkern.
2. Darstellung der Urteile beider Denker über die Wechselwirkung zwischen Seele und Körper.
3. Die Empfindung.
4. Die Vorstellung.
5. Reproduktion und ihre Gesetze.
6. Bewußtsein.
7. Selbstbewußtsein.
8. Apperzeption.

---

1) s. KIRCHNER, „LEIBNIZ's Psychologie." KIRCHNER ist der einzige, welcher unternommen hat, die Psychologie von LEIBNIZ im Zusammenhang darzustellen, doch betrachtet er sie einseitig vom Standpunkte der Naturwissenschaften aus, obwohl er in der Vorrede verspricht, die Wichtigkeit der Geisteswissenschaften gegenüber den Naturwissenschaften zu beweisen. Die wichtigsten Probleme der Psychologie, wie Vorstellung, Empfindung, Gedächtnis, Reproduktion, Bewußtsein u. s. w., sind äußerst kurz behandelt.

Die abgeleiteten Zustände der Seele resp. die Zustände der Vorstellungen:

9. Gefühle.
10. Begehren.
11. Wollen.
12. Leidenschaft.
13. Die Freiheit des Willens.
14. Zusammenfassung und Schlußwort.

Es unterliegt durchaus keinem Zweifel, daß das LEIBNIZ'sche Verfahren in der Psychologie in sich den analytischen Charakter trägt; sein Streben ist darauf gerichtet, zu den kleinsten Elementen vorzudringen, und von ihnen aus ein besseres Verständnis der Wirklichkeit zu gewinnen. Er wählt diesen Weg in seiner Psychologie, da er die Vorstellungskraft als Grundkraft alles seelischen Lebens annimmt. Er führt alle psychischen Erscheinungen auf ihren Anfang und ihre Ursache zurück. Hierin liegt der großartigste Zug der LEIBNIZ'schen Psychologie, welcher jeden in Erstaunen setzt. Er schaut tief in die letzten Quellen der psychischen Phänomene und trifft auf unbewußte „petites perceptions" [1]), aus denen sich alle bewußten Zustände der Seele zusammensetzen. „LEIBNIZ's Aufmerksamkeit auf die kleinen Vorstellungen, durch deren Hilfe er die Kontinuität der geistigen Phänomene verfolgt, und denen er „mehr Kraft, als man denken solle", zuschreibt, verrät das Auge des Metaphysikers, dem es nicht genügt, nur das anzuschauen, was auf dem Vorhange der Wahrnehmung zu sehen ist, sondern der hinter den Vorhang blickt und dort nicht etwa erdichtete Seelenvermögen, sondern die wahren Kräfte aufsucht, aus denen die sämtliche Thätigkeit des Gemütes erklärt werden muß" [2]). LEIBNIZ spürt die treibenden Kräfte der Seele auf, ohne aber eine strenge Erklärung der geistigen Erscheinungen aus denselben abzuleiten: er giebt uns

---

1) Im weiteren Verlauf unserer Arbeit behalten wir überall den LEIBNIZ-schen Ausdruck bei, ohne ihn zu übersetzen, um einer Verwechselung der verschiedenen Ausdrucksweisen vorzubeugen, wie es bei SCHAARSCHMIDT (Neue Abhandlungen über den menschlichen Verstand v. LEIBNIZ, 56. Band der philos. B. Herausgeg. v. KIRCHMANN) der Fall ist, welcher das Verständnis der Übersetzung dadurch erschwert, daß er diese „petites perceptions" entweder mit „Eindrücken" oder „schwachen Vorstellungen" oder „schwachen Wahrnehmungen" oder „kleinen Vorstellungen" u. s. w. übersetzt.

2) s. HERBART, Psychologie als Wissenschaft, S. 243.

einen Entwurf, aber er führt ihn nicht aus, „da er es unterläßt über die Art, wie die kleinen unmerklichen Vorstellungen im Bewußtsein wirken, eine ins Einzelne gehende Rechenschaft zu geben" [1]).

Es verhält sich aber mit Herbart ganz anders, obwohl er auch sein psychologisches Gebäude auf den einfachen Vorstellungen errichtet. Die einfachen Vorstellungen sind das Einzige, was die Seele hervorbringt, alle anderen psychologischen Erscheinungen dagegen sind Resultate des Wechselspieles der einfachen Vorstellungen. Das menschliche Bewußtsein gleicht einem Kreuzungspunkte, in dem die Vorstellungen sich treffen und aufeinander wirken. Disparate Vorstellungen komplizieren sich: durch Komplikation disparater Vorstellungen entsteht die Anschauung. Gleichartige Vorstellungen verschmelzen. Aus der Verschmelzung und Verknüpfung erklären sich die kontinuierlichen Reihen, das Gedächtnis und die Reproduktion. Auf der Hemmung und Förderung beruht das Fühlen und Wollen. Herbart erkennt also in der Vorstellung das Ursprüngliche im Seelenleben und gelangt von ihr aus allmählich zu den zusammengesetzten und mannigfaltigen geistigen Phänomenen. Sein Versuch jedoch bleibt nicht ein problematisches Werk, sondern eine mit bewunderungswürdiger Energie ausgeführte Arbeit.

Fassen wir alles Gesagte zusammen, so ergiebt sich Folgendes: Leibniz sowohl als Herbart schlagen den analytischen Gang bei ihrer Untersuchung ein, denn beide suchen im Kleinen die primitiven Ursachen alles Geschehens und finden diese in der einfachen Vorstellung; alle übrigen geistigen Erscheinungen betrachten sie als Modifikationen derselben. Allein Leibniz führt seine Untersuchung nicht bis ins Einzelne gleichmäßig aus wie in allen seinen Arbeitsgebieten: er bleibt beim allgemeinen Umriß stehen. Das geistige Auge von Leibniz, dieses Mannes großartiger Pläne und Entwürfe, hat ein größeres und breiteres Gesichtsfeld, das Herbart's hingegen ist kleiner und beschränkter, aber intensiver.

So weit über das Verfahren beider.

Zunächst müssen wir uns erst das vorige Kapitel vergegenwärtigen, besonders das Gesagte über den Gradunterschied der Vorstellungen der Monaden. Die Monaden unterscheiden sich, je nachdem sie deutlich oder verworren die Vorstellungen des Uni-

---

[1]) s. Hartenstein, Locke's Lehre von der menschlichen Erkenntnis in Vergleichung mit Leibniz's Kritik derselben, 1861, p. 209.

versums in sich tragen. Wenn eine Monade verworren vorstellt, so stellt sie sich Körper vor. Körper sind also reine Phänomene [1], bloße Auffassungen, konfuse Ideen des endlichen Geistes. Doch gewinnen die Körper mehr Realität durch ein eigentümliches Zusammensein der Monaden. Nach strenger Auffassung sind Leibniz's Körper nur ein Aggregat von Monaden, phaenomenon bene fundatum, doch ist ein gewisses Schwanken zwischen beiden Auffassungen unverkennbar.

Wie ist nun das Verhältnis zwischen Seele und Körper? Was die Veränderungen in den Zuständen der Seele betrifft, so sind dieselben nicht abhängig von einem Wechsel in der leiblichen Beschaffenheit, und umgekehrt kann die Seele keinen Einfluß auf den Körper ausüben. „Der Körper bewegt sich, als ob's keine Seele gäbe, die Seele stellt vor, als ob's keinen Körper gäbe" [2]. Trotzdem aber ist die körperliche Maschine geschaffen, um der Seele zu dienen. Sie läßt sich aber in ihrem eigentümlichen Lauf keineswegs von der Seele bestimmen. Wenn auch die beiden völlig unabhängig voneinander sind, so sind sie doch in ihren Zuständen übereinstimmend: das, was in der Seele geschieht, entspricht dem Blutumlaufe und der Bewegung der körperlichen Organisation, und umgekehrt entsprechen unsere körperlichen Zustände denen der Seele. Leib und Seele verhalten sich also wie zwei Uhren, welche ohne Nachhülfe immer das Gleiche zeigen.

Dieses Gleichnis hat Leibniz von Geulincx [3] entnommen: „wie bei zwei Uhren, die ordentlich unter sich und zum Sonnenlauf gestellt sind, wenn die eine schlägt und uns die Stunden ansagt, auch die andere schlägt und ebensoviel Stunden ansagt, und das ohne jede Kausalität, die etwa von der einen aus in der anderen dies verursachte, sondern nur wegen der Abhängigkeit beider von derselben Kunstfertigkeit: so begleitet s. z. s. die Bewegung unserer Zunge unseren Willen zu reden und dieser Wille jene Bewegung, aber weder dies hängt von jenem, noch jener von diesem ab, sondern beide von demselben höchsten

---

1) „La matière n'est qu'un phénomène réglé et exact." Leibniz, p. 745.
2) Kirchner, Leibniz's Psychologie S. 55.
3) Hier begegnen wir dem Occasionalismus. Den Höhepunkt desselben bildet Arnold Geulincx (1625—69). Derselbe begründet seine Richtung mit dem Satze: „Quod nescis, quomodo fiat, id non facis." Nach seiner Ansicht kann wegen unserer Unkenntnis der Entstehung der Empfindung die Quelle derselben nicht in uns liegen, sondern in einer höheren Macht.

Künstler, welcher sie auf eine so unaussprechliche Weise miteinander verbunden hat." Die Hypothese der prästabilierten Harmonie ist nicht ausreichend zur Erklärung und kann uns nicht zum rechten Resultat führen, weil sie zur Lösung des Problemes ein Schwierigeres annimmt. Hierin liegt ein fundamentaler Unterschied zwischen Leibniz und Herbart. Während der erstere die Frage durch die prästabilierte Harmonie in große Schwierigkeiten verwickelt, dringt Herbart zur Klarheit durch und gelangt zu einem genügenden und wahren Resultate. Herbart erkennt ein Verhältnis der Abhängigkeit zwischen Seele und Leib an. Er bespricht dieses Problem in seinem Hauptwerke [1]), wo er es durch Beispiele beleuchtet. Nach ihm bringt das Wollen der Seele Bewegungen im Körper hervor. Das Wollen ist ein innerer Zustand der Seele, resp. ein Zustand der Vorstellungen, und die Bewegung ist die Zuckung der Muskeln. Zwischen Seele und Leib stehen die Nerven in der Mitte, welche als Conductoren dienen. Durch den Wechsel der Seelenzustände findet eine Veränderung in den Nerven statt, und durch diese entstehen Muskelzuckungen. So erklärt Herbart das Entstehen einer Körperbewegung durch das Wollen der Seele. Ähnlich ist der Einfluß der körperlichen Zustände auf die Seele. Zur Illustrierung des über das Abhängigkeitsverhältnis zwischen Seele und Leib Gesagten geben wir aus dem oben genannten Hauptwerke Herbarts folgende Citate: „Die höchste Gesundheit des Körpers ist zugleich mit dem freiesten Gebrauch der Geisteskräfte in der Regel verbunden." — „daß mit jeder, gleich viel absichtlichen oder zufälligen, Bewegung und Senkung der Gliedmaßen auch ein Gefühl verbunden ist." — „Eine Krankheit, welche die Seele durch Leidenschaften, durch Verdruß und Kummer verursacht, wird gleichen einer durch Erkältung oder Erstickung herbeigeführten, denn die Verknüpfung zwischen Leib und Seele ist nur ein wenig enger (wenngleich beständiger) als die zwischen dem Leibe und der Luft, die er athmet, oder der freien Wärme, die seine Haut unmittelbar umgiebt. Es ist sehr gewiß, daß der Leib auf die nächste Atmosphäre entscheidend wirkt und von ihr Wirkungen erleidet; und so haben wir auch noch keinen lebendigen Leib gesehen, von dem wir bestimmt hätten behaupten dürfen, daß ihm die Seele gänzlich mangele oder gar nicht in ihm wirke."

---

1) **Psychologie als Wissenschaft, neu gegründet auf die Erfahrung, Metaphysik und Mathematik.**

Diese wenigen Worte genügen zweifelsohne, zu beweisen, daß HERBART in Bezug auf das Abhängigkeitsverhältnis zwischen Seele und Leib nicht als Nachfolger LEIBNIZ's zu bezeichnen ist; beide betrachten besagtes Problem mit total verschiedenen Augen. Anders verhält es sich mit der Ansicht beider über die Empfindung, die wir nun zum Gegenstand unserer Untersuchung machen.

Nach LEIBNIZ ist die Empfindung eine deutliche, erinnerungsfähige Vorstellung [1]), die aus elementaren, an sich dunklen Perzeptionen hervorgeht, und diese Vielheit wird dem Wesen der Seele entsprechend als Einheit gedacht. Der Gedanke LEIBNIZ's von diesen unzählbaren „petites perceptions", welche unser Seelenleben ausmachen, ist ein unvergleichlich tieferer. LEIBNIZ war der erste, der die Bedeutung der „petites perceptions" ausgesprochen hat. Zugleich hat er mit seinem kräftigen Forschergeiste den letzten Endursachen unseres geistigen Geschehens nachgeforscht. Es unterliegt keinem Zweifel, daß diese „petites perceptions" die größte Errungenschaft der LEIBNIZ'schen Psychologie sind. Sie sind ein Zeugnis von der Tiefe seiner Forschung. In ihnen haben wir die Grundlage des ganzen seelischen Lebens, woraus LEIBNIZ zu unserem Erstaunen alle übrigen Phänomene hervorwachsen läßt. LEIBNIZ beweist die Existenz dieser „petites perceptions" mit größtem Scharfsinn, dabei ist seine Darstellungsweise eine anschauliche. In manchen Stellen seiner Nouvaux ess. will er durch die Erfahrung und tägliche Beobachtung uns zur Überzeugung bringen, daß in unserem Inneren eine unendliche Menge von „perceptions" wohnen, die augenblicklich weder bewußt sind, noch reflektiert werden können, da sie entweder zu unbedeutend, oder zu zahlreich, oder zu einförmig sind, um bewußt zu werden. Als bekanntes Analogie-Beispiel führt er das Geräusch des Meeres an, an welchem jede kleinste Welle beteiligt ist, die wir einzeln nicht wahrzunehmen vermögen. Durch die Verbindung dieser „petites perceptions" können in uns bewußte Zustände entstehen, jedoch durch öftere Wiederholungen verlieren sie ihren Reiz, sie haben alsdann nicht mehr die Stärke, um unsere Aufmerksamkeit auf sich zu ziehen. So geben wir z. B. nach längerem Anhören des Geklappers der Wassermühle nicht mehr Acht auf dasselbe [2]).

---

1) Sensio est perceptio quae aliquid distincti involvit et cum attentione et memoria conjuncta est. (Com. de anima brut., p. 464).

2) „D'ailleurs il y a mille marques, qui font juger qu'il y a à tout moment

Aus dem bisher Gesagten ergiebt sich, daß alle unsere Empfindungen durch solche Perzeptionen entstehen, die allein zu schwach sind, um ins Bewußtsein zu kommen. Dieser Gedanke ist überhaupt für die Theorie der HERBART'schen Psychologie sehr wichtig und bedeutungsvoll. WOLFF subsumiert den Begriff der Empfindung als repraesentatio compositi in simplici; ein Gleiches that bereits LEIBNIZ: „Perceptions = représentations du composé ou de ce qui est déhors, dans le simple"[1]). Die Empfindung ist nach LEIBNIZ der erste einheitliche bewußte Zustand der Seele, obgleich in derselben, wie wir vorhin betont haben, noch eine große Anzahl einfacher Zustände existiert, welche aber weder wahrgenommen, noch empfunden werden. Die Empfindung ist zwar nicht einfach,

---

une infinité de perceptions en nous, mais sans apperception et sans réflexion, c'est à dire des changements dans l'ame même, dont nous ne nous appercevons pas, parce que ces impressions sont ou trop petites et en trop grand nombre, ou trop unies, en sorte qu'elles n'ont rien d'assez distinguant à part, mais jointes à d'autres, elles ne laissent pas de faire leur effet, et de se faire sentir dans l'assemblage, ou moins confusément. C'est ainsi que la coûtume fait, que nous ne prenons pas garde au mouvement d'un moulin ou à une chûte d'eau, quand nous avons habité tout au près depuis quelque temps. Ce n'est pas, que ce mouvement ne frappe toujours nos organes, et qu'il ne se passe encore quelque chose dans l'ame que y reponde à cause de l'harmonie de l'ame et du corps; mais les impressions, qui sont dans l'ame et dans le corps, destituées des attraits de la nouveauté, ne sont pas assez fortes pour s'attirer notre attention et notre mémoire, qui ne s'attachent qu'à des objets plus occupans. Toute attention demande de la mémoire et quand nous ne sommes point avertis, pour ainsi dire, de prendre garde à quelques unes de nos propres perceptions présentes, nous les laissons passer sans réflexion et même sans le remarquer; mais si quelqu'un nous en avertit incontinent et nous fait remarquer par exemple quelque bruit, qu'on vient d'entendre, nous nous en souvenons et nous nous appercevons d'en avoir eû tantôt quelque sentiment. Ainsi c'étoient des perceptions, dont nous ne nous étions pas apperçûs incontinent, l'apperception ne venant dans ce cas d'avertissement, qu'après quelque intervalle tout petit qu'il soit. Pour juger encore mieux des petites perceptions, que nous ne saurions distinguer dans la foule, j'ai coûtume de me servir de l'exemple du mugissement, ou du bruit de la mer, dont on est frappé quand on est au rivage. Pour entendre ce bruit, comme l'on fait, il faut bien qu'on entende les parties, qui composent ce tout, c'est à dire le bruit de chaque vague, quoique chacun de ces petits bruits ne se fasse connoitre que dans l'assemblage confus de tous les autres ensemble, et qu'il ne se remarqueroit pas, si cette vague, qui le fait, étoit seule" (Nouveaux essais. Avant-propos).

1) LEIB. op. phil. ed. ERDM. 714 a.

denn sie besteht aus einer Menge von „petites perceptions", aber sie ist einheitlich, da sie der Zustand einer Einheit ist. Diese Ansicht von LEIBNIZ können wir als eine große Errungenschaft für die neuere Psychologie betrachten.

Gehen wir nun in Bezug auf diesen Punkt zur Darstellung HERBARTS über. Nach ihm und seiner Schule ist die Empfindung der primitive, immaterielle, unteilbare, einfache Zustand der Seele. Sie ist einfach, weil ihr Träger einfach ist, immateriell und unteilbar, weil die Seele ein immaterielles und unteilbares Wesen besitzt. Die Empfindung ist der primitivste Zustand, weil alle übrigen seelischen Vorgänge und Erscheinungen durch sie bedingt, weil alle anderen psychischen Zustände aus ihr abgeleitet sind. — Obgleich anerkannt werden muß, daß die Empfindungslehre von LEIBNIZ von großer Wichtigkeit ist, so dürfen wir nicht übersehen, daß er die Empfindung mit der Vorstellung identifiziert. Wie er die letztere definiert, wollen wir nun zunächst zeigen.

In jeder Monade geht eine unaufhörliche Bewegung von statten, welche sich nach einem inneren Prinzip richtet, daneben aber muß man noch ein Mannigfaches in der Monade denken, das in den Eigenschaften der einfachen Substanz den Wechsel herbeiführt[1]). Der wechselnde Zustand, der eine Mehrheit in der Einheit umfaßt und darstellt, heißt Vorstellung. Vorstellungen sind an und für sich innere Kräfte; sie sind einfach oder zusammengesetzt, klar oder dunkel; die klaren Vorstellungen sind wiederum verworren oder deutlich. Die einfachen Vorstellungen sind streng genommen nicht absolut einfach, sondern nur dem Scheine nach, wie z. B. die Vorstellung des Grünen, die aus der Mischung des Blauen und Gelben entsteht. Die zusammengesetzten Vorstellungen sind entweder verknüpft, wie die Ursache und Wirkung, oder verbunden, wie gleiche Vorstellungen[2]).

Betrachten wir nun den Begriff der Vorstellungen vom Standpunkte HERBARTS aus.

---

1) L'état passager, qui enveloppe et représente une multitude dans l'unité ou dans la substance simple n'est autre chose que ce qu'on appelle la perception." (Monadologie, 14, S. 706.)

2) „Une idée est claire, lorsqu'elle suffit pour reconnaître la chose et pour la distinguer; distincte qui fait dans l'object les marques, qui le font, connaître ce que en donne l'analyse ou définition." — „Nos perceptions confuses — tiennent même de l'infini et sont des expressions du détail de ce qui arrive dans le corps." Nouv. ess. chapitre XXII, p. 288.

Er ist bei ihm ebenfalls aus der Metaphysik abzuleiten. Die Seele ist ein streng einfaches, ursprünglich nicht vorstellendes Wesen, dessen Selbsterhaltungen Akte des Vorstellens ausmachen. Zwischen zwei entgegengesetzten Wesen muß ein Verhältnis stattfinden, welches ein Geschehen zur Folge hat, es sei aber bemerkt, daß an der Qualität nichts geändert wird. Also muß, wie wir bemerkt haben, durch das Verhältnis etwas geschehen, notwendigerweise ein Zustand entstehen. Diese elementaren Zustände der Seele bezeichnen wir mit dem Namen Vorstellungen. Sie sind an und für sich nicht Kräfte, sie werden solche dann erst, wenn sie einander widerstehen, denn der Widerstand ist eine Kraftäußerung, „an sich selbst aber sind die Vorstellungen nicht Kräfte". Wir sehen hieraus, daß LEIBNIZ in diesem Punkte als Vorgänger HERBARTS anzusehen ist, indem er den Gedanken zur Geltung bringt, daß die Seele alle ihre Vorstellungen aus sich selbst erzeuge, aber in einem Punkte geht HERBART weiter als LEIBNIZ, indem der letztere die prästabilierte Harmonie zur Erläuterung hineinzieht, nach welcher die Seele nicht nur aus sich, sondern ohne alle Beziehung nach außen von selbst ihre Vorstellungen erzeugen soll [1]).

Nach HERBART sind die Vorstellungen einfach oder elementar und zusammengesetzt. Die letzteren sind Aggregate von zum Theil verschmolzenen elementaren Vorstellungen, wie z. B. die Vorstellung eines Dinges u. s. w. [2]).

Da das Vorstellen zu der Qualität der Seele gehört, so ist dieselbe beständig thätig: „Die Substanz kann nicht ohne Wirkung und die Seele kann nicht geistige Leerheit sein" [3]). Um dies einzusehen, meint LEIBNIZ, ist etwas Aufmerksamkeit und Nachdenken nötig; der gemeine Mann ist sich derselben allerdings

---

1) In der älteren Philosophie finden wir immer eine falsche Auffassung der Vorstellungen; sie wird dem Abbilde (τύπωσις) der Dinge gleich gesetzt. Diese falsche Ansicht behauptet sich fast bis zur Zeit KANTS. Erst durch die KANT'sche Schule, besonders durch REINHOLD ist der richtige Begriff der Vorstellung angebahnt worden. Er unterscheidet stets zwischen Stoff und Form der Vorstellungen. Der erstere entspricht dem Vorgestellten, durch die letztere wird dieselbe zur Vorstellung. Dieser Auffassung stehen näher SCHELLING und BENEKE.

2) Über die weitere Behandlung der Vorstellungen siehe bei HERBART, „Die Psychologie als Wissenschaft" und „Lehrbuch der Psychologie".

3) Psychologie als Wissensch. 1. T., S. 242.

ebensowenig bewußt, wie des Luftdruckes und der Kugelgestalt der Erde. Wenn man sich des Denkens nicht immer bewußt ist, so kann man daraus nicht schließen, daß es in demselben Momente aufgehört habe, denn sonst könnte man auch sagen, daß es keine Seele gäbe, solange man sich derselben nicht bewußt ist; wir denken an vieles, aber wir geben Achtung nur auf denjenigen Gedanken, welcher am meisten hervortritt. Es wäre eben nicht möglich, an alles zu denken, was zu gleicher Zeit von uns empfunden wird und auf unsere Sinne wirkt. Also ergiebt sich daraus, daß die Seele nie ohne Vorstellung, folglich auch nie ohne Denken bestehen kann, sogar im Schlafe besitzt man eine verworrene und dunkle Vorstellung [1]) von dem Orte und von allen uns umringenden Dingen [2]).

Wenn man die Unthätigkeit der Seele daraus beweisen wollte, daß man ihre Thätigkeit manchmal nicht innewird, so wäre es ebenso gerechtfertigt, zu behaupten, daß die Erde feststeht, weil man deren Bewegung durch die Sinne, durch bloße Erfahrung nicht wahrnehmen kann, da dieselbe gleichförmig und ohne Anstöße erfolgt [3]).

1) In der HERBART'schen Schule hat über dies Problem am eingehendsten STRÜMPELL in seiner Schrift „Die Natur und Entstehung der Träume" gehandelt. Er sagt im I. Kapitel: „Die Thätigkeit der Seele im Schlaf ist nicht auf das Träumen beschränkt, wie sie im Wachen auch nicht auf das Bewußtsein beschränkt ist; sie tritt in ihren unbewußten Formen noch tiefer zurück, ohne daß sie deshalb aufhörte, Seele zu sein. Auch im tiefsten Schlafe dauern ihre Vorstellungen und Gedanken fort, wie sie auch im Wachen fortdauern, wenngleich sie gehemmt und unbewußt sind. In diesen ihren unbewußten Zuständen ist die schlafende Seele nicht unthätig, wie es darin auch die wachende nicht ist, und behält in denselben die reale Möglichkeit, nicht bloß zu einem Traumbewußtsein zu gelangen, sondern auch zum vollen und wachen Bewußtsein zurückzukehren."

2) Nach MALEBRANCHE macht das Denken das Wesen der Seele aus. Wir können alles von ihr wegdenken, aber sie wird nicht aufgehoben. Versuchen wir das Denken wegzunehmen, so verschwindet auch das Wesen der Seele. Die Seele denkt immer (l'âne pense toujours), aber sie ist sich dessen nicht immer bewußt.

3) Dans le livre second, qui vient au détail des idées j'avoue que les raisons de M. LOCKE pour prouver que l'Ame est quelquefois sans penser à rien, ne me paroissent pas convaincantes; si ce n'est qu'il donne le nom de pensées aux seules perceptions assez notables pour être distinguées et retenues. Je tiens que l'Ame, et même le corps, n'est jamais sans action, et

Bei Leibniz erfolgt also die Kontinuität der geistigen Phänomene durch die Hülfe der „petites perceptions". Hierin liegt der Kernpunkt der Leibniz'schen Psychologie, wie wir schon öfters hervorgehoben haben; nicht aus erdichteten Seelenvermögen erklärt er die seelischen Vorgänge, sondern aus wahren, nicht weiter ableitbaren Kräften, aus denen sämtliche Thätigkeiten der Seele abgeleitet werden müssen, und diese Kräfte treten uns entgegen als Vorstellungen. Sie sind nicht bloße Bilder, sondern wirkliches Thun und Handeln, wodurch die Seele sich selbst lebt.

Sehen wir nun zu, welche Stellung Herbart zu obigen Ausführungen Leibniz's einnimmt. Auch er nimmt fortwährendes Leben [1]), rastlose Bewegung in der Seele an. Nie kann in ihr absolute Ruhe herrschen, wenngleich in gewissen Fällen, wie bei den Affekten, die gleichmäßige Bewegung der Vorstellungen einer Hemmung, einer Unterbrechung unterworfen ist [2]). Es kann also nicht mehr zweifelhaft erscheinen, daß beide Denker in Bezug auf diesen Punkt vollständig auf gleichem Boden stehen; denn wie die Monade Leibniz's nie ohne Thätigkeit sein kann, so ist das Reale Herbarts ohne Wechselwirkung mit anderen nicht denkbar. Wie wir oben sahen, denkt nach Leibniz die Seele fortwährend, aber sie ist sich nur derjenigen Vorstellungen bewußt, die an Stärke die schwächeren überragen. Diese Stärke wird erreicht durch Verknüpfung oder Verbindung mehrerer schwächerer Vorstellungen. Das ist auch fast alles, was wir über-

---

que l'Ame n'est jamais sans quelque perception. Même en dormant on a quelque sentiment confus et sombre du lieu où l'on est, et d'autres choses. Mais quand l'experience ne le confirmeroit pas, je crois qu'il y en a démonstration" (Reflexions sur l'essai de Locke S. 137 Erd.).

1) „Die Gemütsruhe gleicht dem Wasserstand eines Stromes, der zwischen Seichtigkeit und Überschwellung die Mitte hält, oder der mittleren Höhe des Meeres zwischen Ebbe und Fluth. Der Seichtigkeit und Ebbe, wie der Überschwellung und Fluth, entsprechen Affekte." Siehe W. Drobisch, Empirische Psychologie S. 209.

2) „In Ruhe finden wir uns nie vollkommen; die Begebenheiten in uns sind immer schon im Gange, wenn wir anfangen, uns zu beobachten, und die früheren Ereignisse sind noch nicht vollkommen zu Ende, indem schon etwas Neues beginnt." Herb., Kleine Schriften III, S. 259. „Unser Gemüt ist sehr bald beinahe, aber nimmermehr völlig in Ruhe." H. Psych. I, S. 74.

haupt über die Auffassung des Bewußtseins, wie sie LEIBNIZ[1]) hat, erfahren. Weitere Merkmale werden in wenigen Stellen seiner Werke angegeben. Es muß noch hervorgehoben werden, daß LEIBNIZ die Zustände des Bewußtseins einheitlich gefaßt wissen will; über die Gründe aber spricht er sich nirgends aus. Wir begegnen hier beinahe einem Gedanken der neueren Psychologie, der aber von LEIBNIZ nur behauptungsweise ausgesprochen worden ist und seine Begründung erst neuerdings erfahren hat[2]). Es sei bemerkt, daß bei LEIBNIZ das Bewußtsein und Selbstbewußtsein zusammenfallen. Da die Vorstellungskraft sich selbst vorstellt, apperzipiert, reflektiert, so ist sie sich selbst bewußt, mit anderen Worten, sie hat Selbstbewußtsein. Das Bewußtsein stellt erstens die Dinge und zweitens sein eigenes Wesen sich selbst vor. Das Bewußtsein ist die Apperzeption (im Sinne LEIBNIZ') der Vorstellung der Dinge. Das Selbstbewußtsein ist die Apperzeption der Vorstellung des eigenen Selbst. „In der Monade fallen beide zusammen, denn da sie eine Vorstellung der Welt oder einen Mikrokosmos bildet, so ist ihr Selbstbewußtsein zugleich Weltbewußtsein und umgekehrt"[3]).

HERBART behandelt die Frage über das Wesen des Bewußtseins genauer. Er geht auf die Grundursache zurück, die er in dem Streben der Vorstellungen findet. Dasselbe ist die Hauptveranlassung des Loslösens einer oder weniger Vorstellungen aus der Menge der verdunkelten.

Das Bewußtsein ist nach HERBART die Gesamtheit alles

---

1) Der Begriff des Bewußtseins in dem noch heute gebrauchten Sinne ist erst von LEIBNIZ in die neuere Psychologie eingeführt worden.

2) „Ainsi il est à croire que ces idées du bleu, du chaud, ne sont simples aussi qu'en apparence. Je consens pourtant volontiers, qu'on traite ces idés de simples, parce qu' au moins notre apperception ne les divise pas" (Nouv. ess. Livre II, p. 227).

„On a raison de dire que cet Aggrégé (ens per aggregationem pour parler Ecole) fait une seule idée, quoique à proprement parler cet amas de Substances ne forme pas une Substance véritablement. C'est un résultat, à qui l'ame par sa perception et par sa pensée donne son dernier accomplissement d'unité. On peut pourtant dire en quelque façon, que c'est quelque chose de substantiel, c'est à dire, comprenant des Substances." L. op. phil, p. 276, ed. ERDM.

3) KUNO FISCHER, Geschichte d. Phil. 2. B., p. 519.

gleichzeitigen Vorstellens. Diese Gesamtheit aber ist beschränkt, indem das Bewußtsein in jedem Augenblicke sehr wenige Vorstellungen enthält, und es ist in höchster Beweglichkeit begriffen, indem die Vorstellungen gehen und kommen. Daher ist es einem menschlichen Auge gleich (nach Locke), das eine äußerst enge Pupille hat, dabei aber die höchste Beweglichkeit besitzt. Eine Vorstellung ist im Bewußtsein, wenn sie nicht gehemmt wird, sondern ein wirkliches Vorstellen ist. Sie tritt ins Bewußtsein, wenn sie aus einem Zustand völliger Hemmung soeben sich erhebt, dann bezeichnet sie Herbart als über die Schwelle des Bewußtseins steigend. In dem Augenblicke, in welchem sie sich aus dem Zustande völliger Hemmung erhebt, befindet sie sich an der Schwelle des Bewußtseins. Im Zustande der Hemmung, oder wenn sie nicht bewußt ist, ruht sie unter der Schwelle des Bewußtseins [1]). Auf diesem beständigen Wechsel der Vorstellungen beruht das mannigfaltige Seelenleben.

Während Leibniz das Selbstbewußtsein mit Bewußtsein überhaupt identifiziert, wie wir oben gesehen haben, zieht Herbart zwischen beiden eine scharfe Grenze. Das Selbstbewußtsein kann nach ihm dann entstehen, wenn zu dem gleichzeitigen Vorstellen eine innere Wahrnehmung hinzutritt. Das Selbstbewußtsein ist die Vorstellung des eigenen „Ich". — „Der Ausdruck: eine Vorstellung ist im Bewußtsein, muß unterschieden werden von dem: ich bin mir meiner Vorstellung bewußt. Zu dem letztern gehört innere Wahrnehmung, zum erstern nicht" [2]). Leibniz spricht den Gedanken, daß das Bewußtsein einheitliche Zustände haben kann, nur behauptungsweise aus wie selbstverständlich, während Herbart dies auf die Einfachheit der Seele zurückführt. In dieser findet er den Grund, weshalb erstens die Gesamtheit alles gleichzeitigen Vorstellens beschränkt ist, und zweitens, weshalb alle einfachen Vorstellungen sich zu einem einzigen ungeteilten Actus des Vorstellens, zu einer einzigen Totalkraft complizieren. „Daß das Vorgestellte dieser Totalkraft ein Mannigfaltiges, ein Zusammengesetztes ist, wird ursprünglich gar nicht bemerkt; der gemeine Verstand fragt nicht nach einem Grunde

---

1) Unser Ziel ist es nicht, Herbarts Psychologie im Detail darzustellen, deshalb verweisen wir auf sein Hauptwerk „Psychologie als Wissenschaft."
2) Lehrbuch der Psych. S. 18.

der Einheit, vermöge deren die Summe der Merkmale für ein Ding gelte; er fragt nicht, mit welchem Rechte man diese usurpierte Einheit ohne alles Band, das sich aufweisen ließe, ferner bestehen lassen solle. Alles dieses zu fragen bleibt der Philosophie überlassen" [1]).

Betrachten wir nun, wie es mit dem Inhalte der Seele nach den beiden Denkern sich verhält. Nach LEIBNIZ kann aus dem reichen Schatz derselben nichts verloren gehen. Ihr Eigentum ist also ein ewiges; sie kann keinen Bestandteil ihrer Qualität verlieren. Diesen Gedanken teilt HERBART, indem er kein absolutes Vergessen zugiebt. Von Vergessenheit kann man nach HERBART nur insofern reden, als eine Vorstellung doch so bedeutend gehemmt ist, daß ein Emporsteigen derselben über die Schwelle des Bewußtseins unter den augenblicklich bestehenden Verhältnissen unmöglich ist. Einem solchen Falle stehen wir gegenüber, wenn z. B. die Vorstellung eines Namens oder einer Jahreszahl, welche sich vielleicht jahrelang im Zustande der Verdunkelung befunden hat, augenblicklich nicht reproduziert werden kann. Damit ist jedoch nicht gesagt, daß diese Vorstellung nicht zu einer anderen Zeit durch die entsprechende Hülfe über die Schwelle des Bewußtseins gehoben werden könnte [2]). Auf dieser Thatsache beruht das psychische Phänomen der Reproduktion der Vorstellungen. Wir finden dieses Prinzip ebenso bei LEIBNIZ. Er drückt wiederholt in seinen Schriften aus, daß von allen unseren vergangenen Gedanken etwas übrig bleibt, das nie vollständig ausgelöscht werden kann. Ferner meint er, daß man beim Erwachen der Vorstellung seines Ich seiner selbst bewußt wird, daher muß man schon vorher diese gehabt haben, denn eine Vorstellung kann auf natürliche Weise nicht von sich selbst kommen; so kann man die Gedächtnisvorräte häufig mit leichter Mühe bei einer kleinen Veranlassung in den Geist zurückrufen, wie man z. B. nur nötig hat, sich des Anfangs eines Liedes zu erinnern, um dasselbe mit Leichtigkeit auswendig sagen zu können [3]). In Bezug auf

---

1) Siehe Psychologie als Wissenschaft, S. 232, II B.
2) Diesen Gedanken, daß nichts von dem Eigentum der Seele verloren geht, finden wir bereits bei ARISTOTELES. In neuerer Zeit wird der Gedanke am stärksten von BENEKE betont.
3) Puisqu' encore que les habitudes acquises et les provisions de notre mémoire ne soient pas toujours apperçues et même ne viennent pas toujours

diesen Punkt ist die Theorie von Leibniz schwach, indem er Dispositionen¹) annimmt, welche die Reste der früheren Eindrücke in der Seele aufbewahren, die dann auf Veranlassung des Gedächtnisses hin bewußt werden. Hierin folgt Leibniz dem Descartischen Gedanken, der neben den intellectuellen Ideen in der Seele Gehirnseindrücke annimmt, die er als materielle bezeichnet. Von Verdunkelung der Vorstellungen ist bei Leibniz keine Rede, ebenso findet sich in keinem seiner Werke eine Äußerung über die Reproduktionsgesetze, obwohl dies Problem schon vor Leibniz öfters behandelt worden ist. Wer den scharfsinnigen Geist Leibniz', wer das prächtige Gebäude der „petites perceptions" kennen gelernt hat, der wird sich wundern, wie dieser Philosoph darauf seine Aufmerksamkeit nicht gerichtet hat, obwohl, wie wir vorhin bemerkt haben, der Gedanke gar nicht neu ist.

Bei Herbart dagegen finden wir eine wissenschaftliche Theorie der Reproduktion. Der Vorgang, bei welchem die verdunkelte Vorstellung wieder ins Bewußtsein kommt, heißt Reproduktion.

Sie geschieht in zweifacher Weise, nämlich erstens unmittelbar, durch das Wegfallen des Entgegengesetzten, und zweitens durch die Hülfe anderer ähnlicher Vorstellungen. Herbart, wie Aristoteles²) nimmt vier Gesetze der mittelbaren

---

à notre secours au besoin, nous nous les remettons souvent aisément dans l'esprit à quelque occasion legère, qui nous en fait souvenir, comme il ne nous faut que le commencement d'une chanson pour nous faire resouvenir du reste." — „Je dis bien plus: il reste quelque chose de toutes nos pensées passées et aucune n'en sauroit jamais être effacée entièrement. Or quand nous dormons sans songe et quand nous sommes étourdis par quelque coup, chute, symptome ou autre accident, il se forme en nous une infinité de petits sentiments confus et la mort même ne sauroit faire un autre effet sur les ames des animaux, qui doivent sans doute reprendre tôt ou tard des perceptions" distinguées, car tout va par ordre dans la nature. (Nouv. ess. Livre II).

1) Qu'il y a des dispositions, qui sont des restes des impressions passées dans l'ame aussi bien, que dans corps mais dont on ne s'apperçoit, que lorsque la mémoire en trouve quelqu' occasion" (Nouv. ess. Livre II).

2) Bei Aristoteles sind schon die unmittelbare und mittelbare Reproduktion vorhanden, die mit den Namen μνήμη und ἀνάμνησις bezeichnet werden. Ebenso stammen von ihm die vier Gesetze der Reproduktion: der Aehnlichkeit, des Kontrastes, der Koexistenz und der Succession; die zwei ersteren beziehen sich auf unmittelbare, die zwei letzteren auf mittelbare Reproduktion. Er spricht ebenso vom Freiwerden verdunkelter Reize in den Sinnesorganen

Reproduktion an, nämlich die Gesetze der Gleichzeitigkeit, der Ähnlichkeit, des Kontrastes und der Succession.

Aus dem Gesagten ergiebt sich, daß das Reproduktionsgesetz Herbarts nicht von Leibniz vorbereitet worden ist, indem er Descartes und älteren Denkern folgt, während Herbart auf die Spuren der Verdunkelung der Vorstellungen kommt: ein Punkt, der bei Leibniz gar nicht berührt wird. Herbarts Vorgänger auf diesem Gebiete sind vielmehr die englischen Philosophen.

Das Gedächtnis ist bei Leibniz die Kombination der sinnlichen Eindrücke, der sinnlichen Erfahrungen, welche durch die Gewohnheit, durch Wiederholung, zustande kommt. Die Kombination ist nötig, um die Eindrücke nicht der Vergessenheit anheimfallen zu lassen. Einerseits aber steht das Gedächtnis der Erkenntnis gegenüber, andererseits ist es die primitivste Stufe derselben. Eine klare Auffassung können wir bei Leibniz nicht finden. Das Gedächtnis ist die höchste Stufe der vorstellenden Kraft der tierischen Seele, denn das Tier kann nie Person sein, sondern nur ein Individuum; deswegen kann es das Vorgestellte empfinden, aber nicht wissen. Der tierischen Seele ist nur „sensio" und nicht „cogitatio" zuzusprechen. Aus diesem Grunde sind diese Kombinationen bei den Tieren nicht Urteile, denn wenn der Hund sich vor dem Stocke fürchtet, so denkt er nicht, daß der Stock schlägt, und nicht deshalb, weil der Stock schlagen kann, sondern deshalb, weil der Stock ihn öfters geschlagen hat, entflieht er. Es entsteht in seiner Seele zwischen der Vorstellung des Stockes und der des Schlages eine Verbindung, die jedoch nicht das Verhältnis der Ursache zur Wirkung darstellt. Andererseits ist, wie wir oben hervorgehoben haben, das Gedächtnis als die niedere Stufe der Erkenntnis anzusehen, denn in unzähligen Fällen gleichen die Handlungen der Menschen denen der Tiere: sie erwarten, daß es morgen Tag wird, weil sie es immer so erfahren haben [1]).

---

aber nicht vom Freiwerden der verdunkelten Vorstellungen. Es ist auch schon eine kurze Andeutung bei Plato vorhanden. Die eigentliche Untersuchung beginnt mit Hume. Beachtenswert sind auch die Ansichten von Malebranche, da er die Ideenassoziation auf die Gleichzeitigkeit der Vorstellungen im Bewußtsein zurückführt.

1) Les hommes agissent comme les bêtes en tant que les consécutions de leurs perceptions ne se font que par le principe de la mémoire, ressemblans

Herbart betrachtet das Gedächtnis als unveränderte Reproduktion der Vorstellungen, im Gegensatz zur veränderten, der Einbildungskraft. „Gedächtnis und Einbildungskraft weichen darin voneinander ab, daß jenes nur vorgestellte und gleichsam tote Bilder herbeizuführen, diese im aktiven Vorstellen beschäftigt zu sein scheint. Das Übergehen der Vorstellungen aus dem einen in den anderen Zustand ist sehr merklich beim Wiederlesen dessen, was man selbst geschrieben, beim Prüfen dessen, was man selbst gedacht hat" [1]). Offenbar ist Leibniz auf diesem Gebiete der Psychologie kein Vorarbeiter Herbarts.

Verweilen wir noch einen Augenblick bei der Apperzeption und sehen zu, wie sie von Leibniz aufgefaßt wird.

Am Anfange dieses Kapitels schon betrachteten wir einige Grundeigenschaften der Seele, nämlich die stetige Thätigkeit derselben: sie denkt immer, d. h. perzipiert immer, und zwar bisweilen auch unbewußte und verworrene Vorstellungen. Wir fanden ebenso ihre Ursache darin, daß sie entweder zu unbedeutend oder zu zahlreich oder zu einförmig sind, um ins Bewußtsein zu gelangen, also mit anderen Worten gesagt, mangelt den „petites perceptions" deutliches Bewußtsein und Erinnerung. Aber die menschliche Seele erzeugt auch solche Vorstellungen, die deutlich und bewußt sind. Sie heissen Empfindungen (sentiments) oder Apper-

---

aux Médecins empiriques, qui ont une simple practique sans théorie, et nous ne sommes qu'Empiriques dans les trois quarts de nos actions. Par exemple, quand on s'attend qu'il y aura jour demain, on agit en Empirique par ce que cela c'est toujours fait ainsi jusqu' ici. Il n'y a que l'Astronome, qui le juge par raison. Mais la connaissance des vérités necessaires et éternelles est ce qui nous distingue des simples animaux et nous fait avoir la Raison et les sciences, en nous élevant à la connaissance de nous mêmes et de Dieu. Et c'est ce qu'on appelle en nous ame raisonnable ou Esprit. (Monad. 28, 29, op. philos. pag. 707.) La mémoire fournit une espèce de consécution aux ames, qui imite la raison, mais qui en doit être distinguée. C'est qui nous voyons que les animaux ayant la perception de quelque chose qui les frappe et dont ils ont eu perception semblable auparavant, s'attendent par la représentation de leur mémoire à ce qui y a été joint dans cette perception précédente et sont portés à des sentimens semblables à ceux qu'ils avoient pris alors. Par exemple: quand on montre le bâton aux chiens, ils se souviennent de la douleur qu'il leur a causé et crient et fuient" (Monadologie 707, 26).

1) Herbart, Lehrbuch der Psych., S. 70.

zeptionen. Sie entstehen durch die Anhäufung oder Vereinigung zahlreicher „petites perceptions", die allein nicht apperzipiert werden können [1]). Sie hat der Mensch mit den Tieren gemein, aber er hat eine höhere Stufe des Denkens, nämlich die Stufe der reflektiven Erkenntnis. Auf ihr bedeutet die deutliche Vorstellung nicht nur eine Empfindung, sondern auch Erkenntnis des inneren Zusammenhanges der Perzeptionen. Der Mensch erkennt und begreift die Wissenschaft, die ewigen und notwendigen Wahrheiten u. s. w. Er erhebt sich sogar zur Vorstellung des eigenen Ich, zum Selbstbewußtsein. Diesen inneren Denkvorgang nennt Leibniz in seinen späteren Schriften Apperzeption [2]). Sie kommt nur den vernünftigen Seelen oder Geistern zu.

Wie schwankend auch der Begriff der Apperzeption in der Psychologie von Leibniz ist, denn einmal dem Sprachgebrauche folgend (apercevoir = wahrnehmen, s'apercevoir de etwas merken, inne werden) bedeutet er nichts weiter als bewußtes Vorstellen, das andere Mal die reflektive Erkenntnis unserer inneren Zustände, so ist Leibniz unbestreitbar ein Vorgänger Herbart's. Seine letzte Bestimmung der Apperzeption ist am meisten mit der der Herbart'schen verwandt. Man wird in folgender Darstellung der Apperzeption vom Standpunkte Herbarts die Verwandtschaft in Bezug auf diesen Punkt zwischen Leibniz und Herbart einsehen [3]).

---

1) „La perception de la lumière ou de la couleur par exemple, dont nous nous appercevons, est composée de quantité de petites perceptions, dont nous ne nous appercevons pas, et un bruit, dont nous avons perception, mais où nous ne prenons point garde, devient apperceptible par une petite addition ou augmentation," p. 233, Erdm. L. o. phil.

2) Il est bon de faire distinction, entre la perception qui est l'état intérieur de la Monade représentant les choses externes, et l'apperception qui est la conscience, ou la connaissance réflexive de cet état intérieur, p. 715, Erdm.

3) Dieser hochwichtige philosophische Begriff tritt zuerst durch Leibniz in die Philosophie. Nach ihm wird er fast von allen philosophischen Schulen und Denkern behandelt. Wolff nennt das Vorstellen eines Gegenstandes Perzeption und das Selbstbewußtwerden einer Perzeption — Apperzeption. Herder spricht „vom Erkennen und Empfinden der Seele": „Alle Empfindungen, die zu einer gewissen Helle steigen, werden Apperzeption, Gedanke: die Seele erkennt, daß sie empfindet." Eingehend wird die

HERBART nimmt seinen Ausgangspunkt von gewissen Gedanken LEIBNIZ's. Dieser hatte die Apperzeption als eine Anhäufung der „petites perceptions" betrachtet. HERBART hingegen will die Bedingungen untersuchen, wie diese „petites perceptions" zu einem höheren Grad von Bewußtsein erhoben werden können, also mit einem Worte, er will die Bedingungen der Apperzeption feststellen, und diese findet er nur darin, daß, wenn eine Vorstellung zu größerer Klarheit gebracht werden soll, sie selbst Objekt eines neuen Vorstellens werden muß.

Theorie der Apperzeption von KANT behandelt, welcher ihr eine hervorragende Stellung im System des philosophischen Kriticismus zuweist. Nach ihm kann man zwei Quellen der menschlichen Erkenntnis unterscheiden: die Erfahrung, die den Stoff der Wahrnehmung sammelt, und die innere Selbstthätigkeit, die aus der Erfahrung Erkenntnis bildet. Der ersteren entspricht die Fähigkeit, die Vorstellungen zu gewinnen (Rezeptivität der Sinnlichkeit), der zweiten die Fähigkeit, die Vorstellungen hervorzubringen (Spontaneität des Verstandes). Aber es sind uns vor der Erfahrung die Anschauungsformen a priori (Raum und Zeit) und die Stammbegriffe des Verstandes gegeben, die die Erfahrung möglich machen. Wie kann das möglich sein, wenn sie vor und außer der Erfahrung gegeben sind? Antwort: weil alle Erkenntnis auf der Verbindung des Mannigfaltigen zu einer notwendigen Einheit, auf der Synthesis beruht, und sie ist die Handlung einer spontanen Vorstellungskraft, des Verstandes. „Die reinen Verstandesbegriffe sind also notwendig zu den Anschauungen hinzuzudenken, weil nur mit ihrer Hülfe Synthesis d. h. Erkenntnis möglich ist"). (Über Apperzeption von LANGE. Plauen 1889). — „Welches kann man als den letzten Grund betrachten, daß der Verstand im Urteile die Einheit verschiedener Begriffe erkennt? — Es ist die Thatsache, daß alles Mannigfaltige der Anschauung eine notwendige Beziehung hat auf das: „Ich denke" in demselben Subjekt, darin dieses Mannigfaltige angetroffen wird." Die in einer Anschauung gegebenen Vorstellungen erkenne ich als meine Vorstellungen, weil sie demselben Selbstbewußtsein angehören. Der Grund ihrer notwendigen Verknüpfung stammt daher, daß sie einem reinen unveränderlichen Ich zukommen. Da ich alle diese Vorstellungen in meinem Selbsbewußtsein vereinige, so erkenne ich deshalb ihren inneren Zusammenhang, und ich bin mir ihrer Einheit, ihrer notwendigen Synthesis a priori bewußt, und diese ist ein Akt der Spontaneität. Und die spontane Thätigkeit, welche die durch die Anschauung gegebenen Vorstellungen im Selbstbewußtsein zusammenfaßt, heißt Apperzeption (transcendentale Deduktion der reinen Vernunftbegriffe).

Nach BENEKE ist die Apperzeption eine den sinnlichen Eindrücken entgegenkommende Auffassungskraft, welche von den vergangenen Spuren in der Seele dauernd zurückbleibt, um sich neue Wahrnehmung leichter und sicherer anzueignen.

Herbart kennt die Apperzeption der äußeren und die der inneren Wahrnehmung. Wenn eine einfache oder zusammengesetzte Wahrnehmung ins Bewußtsein tritt, so wirkt sie auf das vorhandene Element im Bewußtsein, d. h. sie schiebt das Entgegengesetzte zurück, ruft das Gleichartige ins Bewußtsein und giebt damit die Veranlassung zu einer Verbindung. Eine zusammengesetzte Wahrnehmung schlägt in mehrere ältere Gruppen, Vorstellungsreihen ein. „Indem sie somit eine lebhafte Bewegung der Vorstellungen veranlaßt, kann sie mit einem Lichte verglichen werden, das seinen Schein ringsumher verbreitet." Wenn also eine Verschmelzung zwischen der Wahrnehmung und den im Bewußtsein vorhandenen Vorstellungen sich vollzieht, so haben die letzteren das Übergewicht, denn die reproduzierten Vorstellungen sind stärker als die neuen vereinzelt stehenden Perzeptionen.

Dieser Bewußtseinsakt heißt nach Herbart äußere Apperzeption.

Das Verhältnis, wie es zwischen den Wahrnehmungen und reproduzierten Vorstellungen stattfand, kann zwischen schwächeren und stärkeren Vorstellungen wiederholt werden: „Die Apperzeption richtet sich nach den älteren, den früher erworbenen und seit längerer Zeit gebildeten Vorstellungsmassen, in ihrem Verhältnis zu den späteren, minder starken, minder verschmolzenen, welche eben darum zu jenen in einem Verhältnis der Abhängigkeit stehen." Dieser Akt heißt im Gegensatz zu dem vorigen die innere Apperzeption, sie fällt bei Herbart mit Selbstbeobachtung zusammen, in welcher er die Hauptaufgabe der Apperzeption erblickt[1]). Hieraus sehen wir klar, daß Herbart ein Nachfolger Leibniz's

---

1) In ähnlichem Sinne, wie Herbart diesen Begriff auffaßt, haben ihn seine Schüler behandelt, nämlich Drobisch, Volkmann, Schilling, Strümpell, Zimmermann, Lindner, Drbal. In dieser Frage hat Volkmann sich am meisten verdient gemacht; er hat zuerst die Begriffe der Apperzeption und inneren Wahrnehmung scharf voneinander geschieden. Eine Fortbildung hat dieser Begriff vom sprachphilosophischen Standpunkte von Lazarus und Steinthal erfahren. Besonders wichtig und beachtenswert ist die Arbeit von Dr. Lange „Über Apperzeption". Eine psychologisch-pädagogische Monographie, 3. Auflage, Plauen 1889. Diese Arbeit ist nicht nur vom philosophischen, sondern auch vom pädagogischen Standpunkte wichtig, da der Verfasser die Apperzeptionstheorie auf die Pädagogik anwendet. Unleugbare Thatsache ist es, daß dieses Werk zu den schönsten Arbeiten der Litteratur aus Herbart's **pädagogischer Schule gehört.**

ist. HERBART entnimmt den Grundgedanken LEIBNIZ und baut darauf seine Apperzeptionstheorie.

Nachdem wir die einfachen Zustände der Seele behandelt haben, gehen wir zu der Betrachtung der abgeleiteten über.

LEIBNIZ spricht sich in seinen Werken über das Gefühl am wenigsten eingehend aus, so daß man bei ihm von einer besonderen Behandlung dieses Problemes nicht reden kann. Der Begriff des Gefühles [1]) ist bei ihm schwankend, denn einmal betrachtet er es als eine dunkle, noch nicht aufgelöste Vorstellung, ein andermal aber als einen mit Lust oder Unlust verbundenen Zustand [2]).

„LEIBNIZ nimmt Lust und Unlust als Gefühl der Vollkommenheit und Unvollkommenheit und legt beiden die Perzeptionen einer gewissen Vollkommenheit und Unvollkommenheit zu Grunde, aus deren Zusammenwirkung jene bewußten oder unbewußten Bestrebungen hervorgehen, die sich sodann im Gefühl aussprechen, wodurch sich ihm weiterhin Lust oder Unlust mit den Kategorien der Aktion und Passion verflechten" [3]).

Hierin ist die Schule LEIBNIZ's weiter gegangen als er selbst. Sie erkennt die Vorstellungskraft als Grundvermögen der Seele an und leitet das Gefühl daraus ab [4]). Hiermit tritt uns zum ersten Mal eine rein psychologische Theorie des Gefühles entgegen. In der Beantwortung dieser Frage bleibt LEIBNIZ weit zurück, obwohl er als Vorarbeiter HERBART's anzusehen ist.

HERBART faßt den Begriff des Gefühles in folgender Weise auf: aus der Wechselwirkung der Vorstellungen entstehen zwei Hauptphänomene, erstens das Gefühl, welches sich auf die Zustände, und zweitens das Begehren, welches sich auf Gegenstände bezieht. Wenn eine Vorstellung im Bewußtsein ist, so kann sie entweder mit den hemmenden Kräften im Gleichgewichte stehen, oder eine emportreibende und eine hemmende Kraft sich an ihr das Gleichgewicht halten. Im ersten Falle befindet sie sich in dem Zustande,

---

1) Genaue Abgrenzung des Gefühles als einer besonderen Hauptleistung der Seele ist erst von TETENS 1777 erfolgt und durch KANT populär geworden.
2) „La sensation est pour ainsi dire l'entrée actuelle des idées dans l'entendement par le moyen des sens." LEIBNIZ, Nouv. ess. p. 244 d. ERDMANN.
3) Siehe VOLKMANN, Lehrbuch der Psychologie, Seite 302, II.
4) Siehe WOLFF: „Cognitio intuitiva perfectionis cujuscumque sive verae, sive apparentis". (Ps. emp. § 511, conf. 509 et 536).

in welchem die Hemmungssumme sinkt, im zweiten hingegen kann kein Sinken stattfinden, denn eine andere mitwirkende Kraft, eine Verschmelzungssumme, erlaubt dem Drucke nicht nachzugeben. Dieser letzte Zustand, in dem die Vorstellung zwischen entgegenwirkenden Kräften eingepreßt schwebt, heißt Gefühl.

Nach HERBART haben die Gefühle folgende Einteilung:
1. Gefühle, die an der Beschaffenheit des Gefühlten haften.
2. Solche, die von der Gemütslage abhängen.
3. Mittlere und gemischte Gefühle.
4. Affekte.

Schon in dem Lehrbuch der Psychologie äußert HERBART die Ansicht, daß die Affekte nicht zu den Gefühlen gehören, aber erst in seinem Hauptwerke drückt er das entscheidende Urteil in folgender Weise aus: „Folglich ist es unrichtig, daß die Affekte gesteigerte Gefühle seien; es giebt ein verschiedenes Maaß für Affekte und Gefühle; ja die ersteren und die anderen gehören gar nicht zusammen wie Art und Gattung; sondern es sind verschiedenartige, wiewohl sehr häufig und mannigfaltig verbundene, Bestimmungen der Seelenzustände" [1]).

Eine bedeutende Seite der LEIBNIZ'schen Psychologie ist die Theorie des Begehrens; sie läßt bei näherem Zusehen LEIBNIZ als Vorarbeiter der HERBART'schen Lehre erkennen. Das größte Verdienst LEIBNIZ's, neben der Betonung der „petites perceptions", besteht darin, daß er das Begehren als ein Streben einer Vorstellung zu einer anderen auffaßt, wobei das Erstrebte eine vollendete Vorstellung ist, die aber nicht vollständig erreicht wird. Also die Thätigkeit, die der Übergang von einer Vorstellung zu der anderen ausmacht, ist das Begehren [2]).

Hierin liegt der Keim einer richtigen Theorie des Begehrens, der sich jedoch nicht vollkommen entfaltet hat, denn es fehlt bei LEIBNIZ die Bestimmung, daß dem Streben eine notwendige Hemmung entgegenstehen muß; dies ist offenbar ein Mangel,

---

1) Vergl. die „Psychologie als Wissenschaft" mit dem Lehrbuch der Psychologie.
2) L'action du principe interne, qui fait le changement ou le passage d'une perception à une autre, peut être appelé Appétition; il est vrai, que l'appétit ne saurait toujours parvenir entièrement à toute la perception, où il tend, mais il en obtient toujours quelque chose, et parvient à des perceptions nouvelles. Monadologie (princip. philos. 15, p. 706).

welcher sich auf die ganze Theorie von der immanenten Kraft der Monaden erstreckt. Denn Kraft entsteht dort, wo eine Hemmung eines Geschehens vorhanden ist.

Aus dem Begehren leitet Leibniz das Wollen ab. Das Wollen ist nach ihm ein Begehren, das mit Vernunft eng verbunden ist. Vernünftiges Begehren ist ein Wollen, denn es soll auf das losgehen, oder begehren, was gut ist, und sich von dem entfernen, was nach seiner Ansicht schlecht ist [1]).

Leibniz's Gedanke hat sich bis zu der neuesten Zeit erhalten und in die neuere Philosophie eingegriffen, indem er von Herbart acceptiert worden ist. Geben wir ihm das Wort in Bezug auf diesen Punkt: „Leibniz's richtigen Gedanken hoffe ich am gehörigen Orte bestätigen und anführen zu können; obgleich die dahin gehörigen Überzeugungen viel früher, bevor ich die Werke jenes Philosophen studierte, bei mir fest standen." Das Begehren ist mit dem Fühlen insofern verwandt, als es wie jenes aus der Wechselwirkung der Vorstellungen hervorgeht. Beide Zustände haben ihren Sitz nicht im Vorstellen, sondern allemal in gewissen, bestimmten Vorstellungen. Das Begehren ist nach Herbart das Steigen einer Vorstellung zur höchsten Klarheit, d. h. sie hemmt die Hindernisse, die entgegengesetzten Vorstellungen, und schwingt sich zum Bewußtsein empor. „Mit welchem Namen sollen wir nun die fortlaufenden Übergänge aus einer Gemütslage in die andere bezeichnen, deren hervorstechendes Merkmal das Hervortreten einer Vorstellung ist, die sich gegen Hindernisse aufarbeitet und dabei mehr und mehr alle anderen Vorstellungen nach sich bestimmt, indem sie die einen weckt und die anderen zurücktreibt? Man wird keinen anderen Namen finden, als den des Begehrens" [2]).

---

1) L'effort d'agir après le jugement, qui fait à mon avis l'essence de la volonté." Ferner in einer anderen Stelle sagt er: „Cependant pour parler plus rondement et pour aller peut-être un peu plus avant, je dirai que la Volition est l'effort ou la tendance (conatus) d'aller vers ce qu'on trouve bon et loin de ce qu'on trouve mauvais, ensorte que cette tendance résulte immédiatement de l'apperception, qu'on en a; et le corrollaire de cette définition est cet axiome célèbre: que du vouloir et du pouvoir, joints ensemble, suit l'action, puisque de toute tendance suit l'action, lorsqu'elle n'est point empêchée." Nouv. ess. Livre II. p. 251.

2) Herbart, Psychologie als Wissenschaft, S. 76, II.

So viel über das Begehren. Das Wollen ist ebenfalls ein Begehren, aber verbunden mit der Voraussetzung der Möglichkeit, daß das Begehrte in den Besitz des Begehrenden übergeht. Zum Begehren kommt demnach der Gedanke der Erreichbarkeit des Begehrten hinzu, und erst dann erhält jenes den Namen „Wollen". Ohne letzteres Merkmal bleibt das Begehren ein „frommer Wunsch", wie dies im allgemeinen die Stufe des kindlichen Wollens kennzeichnet. Was der Wille des Kindes, das ist der Wunsch des erwachsenen Menschen; jenem wie diesem fehlt das Bewußtsein der Erreichbarkeit des begehrten Objektes.

Dem Wollen folgt auf dem Fuße die Handlung; „ich will heißt so viel als ich werde" (Drobisch). Nach Leibniz folgt ebenfalls dem Wollen sofort die Handlung (That).

Trotzdem ist ein Unterschied zwischen Leibniz und Herbart zu konstatieren. Das Begehren kann nach dem ersteren ein Wollen werden, wenn die Vernunft die Leitung des Begehrens übernimmt, und somit ist auch ein Unterschied zwischen Wollen und Begehren nur vom Standpunkte der Ethik aus zu bestimmen, während ein psychologischer nicht vorhanden ist. Bei Herbart hingegen wird eine scharfe psychologische Grenze zwischen beiden Begriffen gezogen: erst die Überzeugung von der Erreichbarkeit des Begehrten macht das Wollen aus.

Gehen wir zu der Betrachtung der Leidenschaft über. Dies Phänomen leitet Leibniz aus dem Begehren ab und definiert es als eine starke Strebung, welche aus dem Gefühle stammt und von Lust oder Unlust begleitet wird.

Trotzdem uns Leibniz die richtige Erklärung der Leidenschaft giebt, so ist doch bei ihm zwischen ihr und dem Affekt kein Unterschied zu finden; beide gehen vielmehr ineinander über[1]. Bei Herbart ist auf diesem Gebiete ein entschiedener Fortschritt zu verzeichnen. Er bestimmt den Begriff der Leidenschaft viel genauer und kommt zu dem bestimmten Resultate: „Im All-

---

[1] Mais j'aime mieux de dire, que les passions ne sont ni des contentemens ou des déplaisirs, ni des opinions, mais des tendances ou plutôt des modifications de la tendance, qui viennent de l'opinion ou du sentiment et qui sont accompagnées de plaisir ou de déplaisir." N. e. Livre II, p. 249.

Leidenschaft war anfangs nur die Übersetzung von πάϑος. Erst durch Kant ist eine deutliche Unterscheidung zwischen Affekt und Leidenschaft vorgenommen worden.

gemeinen liegt jeder Leidenschaft eine herrschende Vorstellung zu Grunde, die nicht etwa nur einmal, nur auf Veranlassungen, sondern fortwährend, und vermöge einer bestehenden Disposition des Gemütes, sich als Begierde äußert" [1]). Jedoch wird diese herrschende Vorstellung nicht einzeln gedacht, sondern mit anderen verbunden zu einer Verschmelzungssumme, denn eine einzige Vorstellung könnte dem hemmenden Gegensatz nicht widerstehen. Diese herrschende Vorstellung übernimmt ihre Rolle nicht plötzlich, sondern allmählich, indem sich ihr die mit ihr verschmolzenen Vorstellungen erst allmählich unterwerfen.

Nachdem wir die Leidenschaft bei beiden Denkern näher ins Auge gefaßt haben, so kehren wir zu dem Wollen zurück und sehen zu, wie es mit der Willensfreiheit sich verhält.

LEIBNIZ ist ein Gegner der Theorie der absoluten Freiheit, und seine Gründe sind metaphysischer wie psychologischer Natur. Einen der wichtigsten Gründe gegen den Indeterminismus stellt er in dem „Satze vom zureichenden Grunde" auf, welcher nach LEIBNIZ nebst dem „Satze des Widerspruches" die Grundlage aller Erkenntnis ist. LEIBNIZ schließt sich der LOCKE'schen Ansicht über die Selbstbestimmung des Willens an, welche sich auf das Gesetz der Kausalität bezieht. Würde die Ursache eines Wollens immer wieder in einem vorhergehenden Wollen gesucht, so träte offenbar ein regressus in infinitum ein [2]).

Ferner zeigt er, daß ein unmotivirtes Wollen wegen der beständigen Thätigkeit der Seele nicht zustande kommen kann. Wie es keinen leeren Raum im Universum und keinen Sprung in der Natur giebt, so giebt es auch keine Pause im Willen. Nach LEIBNIZ wird der Wille durch eine Unruhe erregt, welche er in den „petites per-

---

1) In dieser Stelle stimmt die „Psychologie als Wissenschaft" mit dem „Lehrbuch der Psychologie" nicht überein. In ersterer sind die Leidenschaften nicht selbst Begierden, sondern Dispositionen zu Begierden, welche im ganzen Vorstellungsmechanismus ihren Sitz haben, während in letzterem die Begierden ohne Ausnahme, „die edelste, wie die schlechteste", Leidenschaft werden kann. (Vergl. Psych. a. Wiss. 103 und Lehrb. d. P. 113.)

2) Nous ne voulons point vouloir, mais nous voulons faire, et si nous voulions vouloir, nous voudrions vouloir vouloir et cela irait à l'infini. Nouv. ess. II, p. 255.

ceptions" findet, gleichsam durch „unmerkliche Schmerzen", welche die Antriebe des Willens in sich enthalten [1]. Unzählig viele große und kleine Bewegungen von innen und außen wirken hier zusammen, wovon wir gewöhnlich nichts merken.

Obwohl Leibniz unbestreitbar ein Determinist ist, so tritt er doch dem starren Determinismus Spinoza's entgegen. Spinoza betrachtet Gott als eine unendliche Macht, alles Übrige dagegen als eine unselbständige Naturnotwendigkeit.

Wenn hingegen Leibniz die absolute Freiheitslehre verwirft, so erkennt er doch an, daß es ohne Freiheit keine Sittlichkeit geben kann. Diese Freiheit sucht er in der Individualität und Selbstthätigkeit des Handelns. Das Wesen der ersteren besteht darin, daß das Handeln nicht durch allgemeine Gesetze, sondern die individuelle Art bestimmt wird, das der zweiten hingegen darin, daß jenes der Seele immanent ist. „Unsere Seele, die Seelenmonade, will und handelt also nicht durch den Naturmechanismus, sondern ihrer eigenen individuellen Natur gemäß" [2]).

---

1).·Mais pour revenir à l'inquiétude, c'est à dire aux petites sollicitations imperceptibles, qui nous tiennent toujours en haleine, ce sont des déterminations confuses, ensorte que souvent nous ne savons pas ce qui nous manque, au lieu que dans les inclinations et les passions nous savons au moins ce que nous demandons, quoique les perceptions confuses entrent aussi dans leur manière d'agir, et que les mêmes passions causent aussi cette inquiétude ou démangeaison. Ces impulsions sont comme autant de petits ressorts, qui tâchent de se débander et qui font agir notre machine. Et j'ai déjà remarqué ci-dessus que c'est par là que nous ne sommes jamais indifférens, lorsque nous paraissons l'être le plus, par exemple de nous tourner à la droite plutôt qu' à la gauche au bout d'une allée. Car le parti, que nous prenons, vient de ces déterminations insensibles, mêlées des actions des objets et de l'intérieur du corps, qui nous fait trouver plus à notre aise dans l'une que dans l'autre manière de nous remuer. On appelle „Unruhe" en Allemand, c'est à dire inquiétude, le balancier d'un horloge. On peut dire qu'il en est de même de notre corps, qui ne saurait jamais être parfaitement à son aise: parceque quand il se ferait une nouvelle impression des objets, un petit changement dans les organes, dans les viscères, dans les vases, cela changerait d'abord la balance et les ferait faire quelque petit effort, pour se remettre dans les meilleur état, qu'il se peut; ce qui produit un combat perpétuel, qui fait pour ainsi dire l'inquiétude de notre horloge, de sorte que cette appellation est assez à mon gré. O. P. 248.

2) Siehe Dr. Bräutigam, Leibniz und Herbart über die Freiheit des menschlichen Willens, S. 12.

Es giebt noch ein drittes Merkmal der Freiheit, und darin besteht der höchste Grad derselben, das ist die Bestimmung nach der Vernunft. Diejenige Handlung können wir am freiesten nennen, die durch Vernunftgründe am meisten geleitet wird. Jedoch ist LEIBNIZ nicht der Meinung, daß jeder sofort zur Vollkommenheit emporsteigen kann: denn wenn auch der Mensch einer innerlichen Umbildung fähig ist, so ist doch in jedem eine Schranke der Individualität vorhanden.

Wenden wir uns nun zur Freiheitstheorie HERBARTS. HERBART beweist, daß es absolute Willensmotive in der Seele nicht geben kann, denn auch er kennt kein Stillstehen der Seelenthätigkeit. „Immer sind unsere Gedanken im beständigen Flottieren begriffen. Selbst im besten Gleichmute erhalten sich die Vorstellungen in einem gelinden Schweben. Das bezeugt die innere Erfahrung. Jeder kennt die Schwierigkeit, einen Gegenstand in der Seele festzuhalten. Er steht nie ganz still. Schwebend und schwankend ist alles, was unserer inneren Wahrnehmung sich darstellt" [1]).

HERBART erörtert den Gedanken LEIBNIZ's, daß eine Unruhe in der Seele immer der Grund des Willens ist, eingehender und nimmt ihn in die Ethik auf. HERBART erkennt ebenso als Merkmale der Willensfreiheit: Einsicht und Selbstthätigkeit, und giebt eine eingehendere psychologische Begründung. In Bezug auf die erstere hebt er die Wichtigkeit der Bildung des Gedankenkreises hervor, denn der Mangel an Einsicht ist die Ursache verschiedener Verbrechen. Der wichtigste Faktor der Freiheit aber ist die Selbstthätigkeit, d. h. die Aktivität, welche der Mensch in sich besitzt[2]). Wie bei LEIBNIZ, so wird auch nach HERBART der freie Wille durch die Vernunft bestimmt. Auf Grund einer Überlegung kann der Wille sich entschließen, aber in demselben Augenblicke kann sich eine Begierde dagegen erheben, wodurch

---

1) Dr. BRÄUTIGAM, LEIBNIZ u. HERBART über die Freiheit des menschlichen Willens, S. 21. Vergl. HERBART S. W. II 308, III 44, V 19, 90, VII 168.

2) „Die menschliche Seele ist kein Puppentheater; unsere Wünsche und Entschließungen sind keine Marionetten; kein Gaukler steht dahinter, sondern unser wahres eigenes Leben liegt in unserem Wollen, und dieses Leben hat seine Regel nicht außer sich sondern in sich, es hat seine eigene, rein geistige, keineswegs aus der Körperwelt entlehnte Regel." HERBARTS Werke, VII S. 141.

ein innerer Zwiespalt entsteht. Diesen Vorgang schauen wir in unserem Selbst an. „In dieser Selbstbetrachtung steht sowohl die Vernunft als die Begierde sich gegenüber, als wären es fremde Ratgeber, er selbst aber ein Dritter, der beide anhörte und alsdann entschiede. Er findet sich frei, zu entscheiden, wie er will. Er findet sich auch vernünftig genug, um zu fassen, was die Vernunft ihm sage; und reizbar genug, um die Lockungen der Begierde auf sich wirken zu lassen."

Nach Herbart giebt es demnach ebenfalls keine vollkommene Freiheit des Willens.

Es ergiebt sich also, daß Herbart in der Theorie über die Freiheit des Willens ein Gesinnungsgenosse Leibniz's ist.

Wir können nach diesen letzten Untersuchungen unsere Aufgabe als beendigt ansehen. Wir haben die Grundzüge der Leibniz'schen und Herbart'schen Lehre nebeneinander gestellt und schon bei der Darstellung derselben auf die Ähnlichkeiten und Verschiedenheiten, welche zwischen beiden zu Tage treten hingewiesen. Fassen wir die Resultate unserer Untersuchungen noch einmal zusammen, so wird sich die Berechtigung der Behauptung, daß Herbarts Psychologie durch Leibniz beeinflußt, daß Herbart ein Nachfolger Leibniz's ist, ergeben:

1. Die Seele ist bei Leibniz einfach, immateriell und kann von außen weder empfangen, noch aus sich hinaus erzeugen. Es sind in ihr innewohnende Kräfte vorhanden. Herbart erkennt sowohl diese Einfachheit und Immaterialität der Seele als auch die Unmöglichkeit, etwas von außen zu empfangen und aus sich heraustreten zu lassen, an. Aber er leugnet jegliche Thätigkeit derselben, während Leibniz eine ihr innewohnende und thätige Kraft annimmt. Nach Leibniz erzeugt also die Seele ihre Vorstellungen aus und durch sich selbst ohne jede äußere Veranlassung.

2. Nach Leibniz bestehen Seele und Körper vollkommen unabhängig nebeneinander; Herbart dagegen erkennt ein abhängiges Verhältnis zwischen beiden an.

3. Die Empfindung ist bei Leibniz eine erinnerungsfähige Vorstellung, sie ist zusammengesetzt, aber im einheitlichen Zustande, während sie nach Herbart den ersten, primitiven, einfachen Zustand der Seele ausmacht.

4. Die Vorstellungen sind bei LEIBNIZ Kräfte, nach HERBART werden sie erst solche, wenn eine Wechselwirkung zwischen ihnen eintritt.

5. LEIBNIZ sowohl als HERBART nehmen eine fortwährende Thätigkeit der Seele an.

6. Nach LEIBNIZ sind nicht immer alle Vorstellungen bewußt; HERBART hält diesen Gedanken fest, geht aber näher auf den Zustand der Vorstellung ein, welchen er mit Bewußtsein bezeichnet. Nach LEIBNIZ wird das Bewußtsein mit Selbstbewußtsein identifiziert, während HERBART scharfe Grenzen zwischen beiden zieht.

7. Beide Denker führen aus, daß aus der Seele nichts verloren gehen kann. Aber HERBART untersucht weiter und stellt wichtige Gesetze über die Reproduktion fest.

8. Die Wiederkehr der Vorstellungen folgt nach LEIBNIZ nur nach den Dispositionen, die im Körper und in der Seele von früheren Eindrücken zurückbleiben, während sie nach HERBART auf der Verdunkelung der Vorstellungen beruht.

9. Bei LEIBNIZ ist das Gedächtnis die Kombination der sinnlichen Eindrücke; durch sie wird das Erinnern bedingt. HERBART dagegen gründet jenes auf die Reproduktion der Vorstellungen.

10. LEIBNIZ erklärt die Apperzeption aus der Verbindung der Perzeptionen. HERBART forscht den Bedingungen der Verbindung unter den Perceptionen nach.

11. Bei LEIBNIZ ist die Gefühlstheorie noch unentwickelt, aber sie enthält gewisse Keime für die Lehre HERBARTS.

12. LEIBNIZ läßt das Begehren aus dem Streben einer Vorstellung zu der anderen entstehen und legt damit den Grundstein zu einer richtigen Theorie des Begehrens, während HERBART den begonnenen Bau weiterführt und vollendet.

13. Bei beiden Denkern ist das Wollen ein Begehren, und zwar nach LEIBNIZ ein vernünftiges, nach HERBART ein Begehren, das mit der Erreichbarkeit des Begehrten verbunden ist.

14. Die Leidenschaft ist nach beiden aus dem Begehren abzuleiten.

15. In der Frage der inneren Freiheit sind beide Deterministen.

Es ergiebt sich aus dieser Zusammenstellung, daß, obwohl LEIBNIZ keine fertig ausgebaute Psychologie geschaffen hat, er nichtsdestoweniger als Vorarbeiter HERBART's anzusehen ist. Es sind in LEIBNIZ's Psychologie viele treffliche Gedanken enthalten, die der HERBART'schen Psychologie als Anknüpfungspunkte gedient haben. Er selbst sagt: „Nehme ich noch hinzu, daß schon LEIBNIZ den vollkommen richtigen Gedanken verbreitete, die Seele erzeuge alle ihre Vorstellungen aus sich selbst: so könnte ich mich einen Augenblick der Verwunderung hingeben, daß so treffliche Vorarbeiten dennoch keine tüchtige Psychologie erzeugt haben" [1]).

Wir schließen hiermit unsere Untersuchung, die uns gezeigt hat, daß, wenngleich dieser oder jener psychologische Grundbegriff bei LEIBNIZ noch nicht ganz klar gefaßt erscheint, sein Hauptverdienst bleibt, daß er die vorstellende Thätigkeit als die ursprüngliche, alle anderen psychischen Vorgänge aber als abgeleitete Thätigkeiten der Seele aufgefaßt hat; wenn es ihm auch nicht immer gelungen ist, den genügenden Beweis für seine Behauptungen zu liefern, so hatte er doch, als HERBART seine psychologischen Arbeiten aufnahm, auf diesem Gebiet so viel gethan, daß es diesem dann möglich war, die Psychologie zur Wissenschaft zu erheben.

---

1) Siehe HERBART, Psychologie als Wissenschaft, I. Teil, 1S, S. 244.